江西省交通运输厅

江西省公路工程电子招标标准施工招标文件

（2014年版）

（交安设施与绿化工程分册）

赣交建管字〔2015〕33号

自2015年5月1日起施行

人民交通出版社股份有限公司
China Communications Press Co.,Ltd.

图书在版编目(CIP)数据

江西省公路工程电子招标标准施工招标文件：2014年版. 交安设施与绿化工程分册 / 王昭春，徐建平，樊友伟主编. — 北京：人民交通出版社股份有限公司，2016.8

ISBN 978-7-114-12869-1

Ⅰ. ①江… Ⅱ. ①王… ②徐… ③樊… Ⅲ. ①道路施工—招标—文件—江西省②交通运输安全—交通设施—招标—文件—江西省③道路绿化—招标—文件—江西省 Ⅳ. ①U415.13

中国版本图书馆 CIP 数据核字(2016)第 048121 号

Jiangxisheng Gonglu Gongcheng Dianzi Zhaobiao Biaozhun Shigong Zhaobiao Wenjian

书　　名：江西省公路工程电子招标标准施工招标文件(2014 年版)(交安设施与绿化工程分册)

著 作 者：王昭春　徐建平　樊友伟

责任编辑：李　喆

出版发行：人民交通出版社股份有限公司

地　　址：(100011)北京市朝阳区安定门外外馆斜街 3 号

网　　址：www.ccpress.com.cn

销售电话：(010)59757973

总 经 销：人民交通出版社股份有限公司发行部

经　　销：各地新华书店

印　　刷：北京鑫正大印刷有限公司

开　　本：880×1230　1/16

印　　张：17

字　　数：326 千

版　　次：2016 年 8 月　第 1 版

印　　次：2016 年 8 月　第 1 次印刷

书　　号：ISBN 978-7-114-12869-1

定　　价：55.00 元

江西省交通运输厅文件

赣交建管字〔2015〕33号

江西省交通运输厅关于发布江西省公路工程电子招标标准施工招标文件和招标资格预审文件（2014年版）的通知

各设区市交通运输局、公路局，省直管试点县（市）交通运输局，厅直属各单位、省公路路政管理总队：

《江西省公路工程电子招标标准施工招标文件》（2014年版）和《江西省公路工程电子招标标准施工招标资格预审文件》（2014年版）已经厅务会议讨论通过，现予发布，自发布之日起实施。

全省高速公路、普通国省道公路项目应当使用《江西省公路工程电子招标标准施工招标文件》（2014年版）和《江西省公路工程电子招标标准施工招标资格预审文件》（2014年版），其他公路项目可参照执行。在具体项目招标过程中，招标人可根据项目实际情况，编制项目专用文件，与《江西省公路工程电子招标标准施工招标文件》（2014年版）、《江西省公路工程电子招标标准施工招标资格预审文件》（2014年版）共同使用，但不得违反九部委56号令的规定。

请各地交通运输主管部门加强对上述两标准文件贯彻落实情况的监督检查，并注意收集有关意见和建议，及时向我厅反馈。

（此件主动公开）

江西省交通运输厅

2015年4月30日

江西省交通运输厅办公室　　2015年5月4日印发

《江西省公路工程电子招标标准施工招标文件》审定委员会

主 任 委 员:朱　希

副主任委员:成　松　梁必康　王昭春　任东红

委　　　员:李　旷　朱　晗　俞文生　丁光明　彭东领
徐重财　李青峰　邱文东

编 写 人 员

主　　　编:王昭春

副　主　编:徐建平　樊友伟

编 写 人 员:朱　晗　俞文生　丁光明　汪晓红　彭东领
樊文胜　瞿　强　李青峰　旷小林　王运金
张龙生　吴文清　叶小可　黄小明　文旭卿
杨志峰　戴程琳　温俊峰　周　睿　王　健
廖晓锋　张小英　殷妮芳　王　令　谢金龙

江西省公路工程电子招标系列标准
招标文件编制说明

我省公路工程实施公开招投标二十多年来，招投标管理和招标文件编制已逐步实现规范化，招投标监管机构结合我省实际制定了一系列招投标监管制度。招投标做到了公开、公平、公正和规范，保护了国家利益、社会公共利益和招标投标活动当事人的合法权益，在提高经济效益、降低工程造价、保证项目质量等方面取得了显著成效，但是也存在个别围标串标、提供虚假业绩骗取中标等问题。

2010年9月，国务院办公厅《关于解决当前政府投资工程建设中带有普遍性问题意见的通知》中明确要求："推进招标文件标准化和规范化，加快电子招投标制度建设。"为了有效解决以往招标过程中存在的问题，从根源上最大限度地防止投标人围标串标和杜绝虚假资料，根据国家相关法律法规以及部委规章，我省于2012年在全国率先推行了高速公路主体工程资格后审电子招标，取得了显著成效。为在全省公路工程项目全面推行电子招标，配套编制了《江西省公路工程电子招标系列标准施工招标文件》及《江西省公路工程施工技术规范》（以下简称电子招标系列标准文件）。

电子招标系列标准文件的编制是以《中华人民共和国招标投标法》、《中华人民共和国合同法》、《中华人民共和国招标投标法实施条例》、交通运输部《公路工程施工招标投标管理办法》、国家八部委《电子招标投标办法》及国家和江西省行业标准等为依据，按照国家九部委《关于做好标准施工招标资格预审文件和标准施工招标文件贯彻实施工作的通知》的要求，以中华人民共和国《标准施工招标文件》和交通运输部《公路工程标准施工招标文件》为基础，结合我省公路工程建设特点，组织我省公路工程建设技术及管理专家经多次研讨编制而成。

电子招标系列标准文件编制从2012年万载至宜春高速公路项目首次采用电子招标后启动,历时一年多,于2013年初步编制完成。在进一步完善了电子交易系统后,在金溪至抚州、南昌至宁都、南昌至上栗三个高速公路项目进行运用,并向国省道工程等全省交通建设项目推广。2014年,根据前期电子招标运行情况,再次组织相关专家进行研讨和全面征求意见,补充编制了《江西省公路工程施工技术规范》,形成了电子招标系列标准文件体系,并在宁都至定南、东乡至昌傅等八个高速公路项目进行使用。2014年12月,经江西省交通运输厅审查,正式作为江西省公路工程电子招标系列标准施工招标文件。

目前,我省的公路工程建设仍处于高速发展时期,制定电子招标系列标准文件可以规范公路工程电子招标投标工作,通过确定和固化电子招投标流程确保电子招标投标工作的顺利开展。

电子招标系列标准文件包括《公路工程电子招标标准施工资格预审文件》《公路工程电子招标标准施工招标文件》(主体土建工程分册)、《公路工程电子招标标准施工招标文件》(交安设施与绿化工程分册)、《公路工程电子招标标准施工招标文件》(房建工程分册)、《公路工程电子招标标准施工招标文件》(机电工程分册)和《江西省公路工程施工技术规范》六册,主要对原公路工程标准文件以下内容进行了补充、细化和完善:

(1)标准资格预审文件的电子招标的申请人须知、资格审查办法;

(2)标准施工招标文件的电子招标的投标人须知、评标办法、江西省公路工程的合同专用条款和投标文件格式;

(3)技术规范是在现行公路工程标准规范以及总结我省公路工程建设经验成果的基础上,本着推广先进的管理理念和成熟工艺的原则,结合交通运输部《高速公路施工标准化技术指南》《江西省高速公路施工质量控制要点》和《江西省高速公路项目标准化管理指南》、公路及相关行业有关的技术规范等文件,对《公路工程标准施工招标文件》(下册)技术规范进行了补充、细化,形成江西省标准文件技术规范部分。

电子招标系列标准文件的编制出版有利于指导我省公路工程电子招标投标工作，提高招标投标工作质量和效率，预防招投标过程中违法违纪行为的发生；有利于加强项目建设合同管理、促进我省公路工程建设施工标准化工作，提高公路建设管理水平；有利于增强招标投标活动的公开性和透明度，降低招投标社会成本。

各使用单位或个人对电子招标系列标准文件的修改意见和建议，请及时向江西省交通运输厅反馈（地址：江西省南昌市红谷滩新区红角洲片区卧龙路1号江西省交通运输厅建管处，邮政编码：330036）。

使 用 说 明

一、为加强公路工程施工招标管理,规范电子招标投标项目的招标文件编制工作,依据《中华人民共和国招标投标法》、《中华人民共和国招标投标法实施条例》、《电子招标投标办法》(国家发展和改革委员会令第20号),江西省交通运输厅组织江西省高速公路投资集团有限责任公司、江西交通咨询公司和省内专家编写并经审定形成了《江西省公路工程电子招标标准施工招标文件》(2014年版)。本招标文件共四分册,包括:主体土建工程分册,交安设施与绿化工程分册,房建工程分册,机电工程分册。

二、《江西省公路工程电子招标标准施工招标文件》(2014年版)是以《标准施工招标文件》(2007年版)(以下简称《标准施工招标文件》)和《公路工程标准施工招标文件》(2009年版)(以下简称《公路工程标准施工招标文件》)为依据,考虑江西省公路工程施工的招标特点和管理需要,以及电子招标投标的特点编制而成。根据电子招标投标的特点,对《标准施工招标文件》和《公路工程标准施工招标文件》中不适用电子招标投标的内容作了细化和补充,其他内容不加修改地引用了《标准施工招标文件》和《公路工程标准施工招标文件》。

三、《江西省公路工程电子招标标准施工招标文件》(交安设施与绿化工程分册)适用于采用双信封合理低价法的各等级公路交通安全设施、绿化工程施工招标,但不适用于以下四种情形的招标项目:设计和施工由同一承包人承担,接受联合体投标,邀请招标,采用资格预审。

四、招标人应根据《江西省公路工程电子招标标准施工招标文件》,按招标项目划分的类别编制招标文件。编制招标文件时,不得修改“招标公告”正文、“投标人须知”正文和“评标办法”正文。招标公告中以空格标示的内容由招标人填写，且应符合脚注的规定；“投标人须知”前附表和“评标办法”前附表中以空格标示的内容由招标人填写，其他未预留空格填写的内容则由招标人不加修改的引用。根据招标项目具体特点和实际需要补充的资格审查条件列入“资格审查条件（其他要求）”中，但交易系统目前尚不具备对该部分内容进行自动评审的功能。

五、招标人按照《江西省公路工程电子招标标准施工招标文件》第一章的格式编制完成招标公告或投标邀请书后，将实际拟发布的招标公告或投标邀请书编入出售的招标文件中，作为招标文件的组成部分。其中，招标公告应同时注明发布的所有媒介名称。

六、第三章“评标办法”前附表应列明全部审查因素和审查标准，并在本章（前附表及正文）标明投标人不满足其要求即导致废标的全部条款。废标条款应以醒目的方式提示。

七、第三章“评标办法”中设定了多种不同的评标基准价计算方法，并且根据评标基准价计算方法需要设定了不同的计算参数，评标时选用的评标基准价计算方法和参数在第二信封（报价文件）开标现场随机确定。

八、第五章“工程量清单”由招标人根据《江西省公路工程电子招标标准施工招标文件》、招标项目特点和实际需要编制，并与“投标人须知”“通用合同条款”“专用合同条款”“技术规范”“图纸”相衔接。第五章所附表格可根据有关规定作相应的调整和补充。

九、第六章“图纸”由招标人根据《江西省公路工程电子招标标准施工招标文件》、招标项目特点和实际需要编制，并与“投标人须知”“通用合同条款”“专用合同条款”“技术规范”相衔接。

十、招标人应在报名截止前将第五章“工程量清单”和第六章“图纸”上传加载至江西省公共资源交易系统（交通平台）。

十一、第七章“技术规范”由两部分组成，第一部分为《江西省公路工程施工技术规范》，该部分技术规范根据江西省公路工程施工的实际情况，结合交通运输部公路局《高速公路施工标准化技术指南》、《江西省高速公路施工质量控制要点》和《江西省高速公路项目标准化管理指南》、公路及相关行业有关的技术规范等文件，对《公路工程标准施工招标文件》（下册）技术规范进行了补充、细化；第二部分为项目专用技术规范，由招标人根据《江西省公路工程施工技术规范》、项目具体特点和实际需要编制。项目专用技术规范中的各项技术标准应符合国家强制性标准，不得要求或标明某一特定的专利、商标、名称、设计、原产地或生产供应者，不得含有倾向或者排斥潜在投标人的其他内容。如果必须引用某一生产供应者的技术标准才能准确或清楚地说明拟招标项目的技术标准时，则应当在参照后面加上“或相当于”字样。

十二、第八章“投标文件格式”由招标人编制招标文件时在江西省公共资源交易系统（交通平台）中根据项目需要选取，一般不宜新增投标文件其他表格；确需新增的，须按江西省公共资源交易系统（交通平台）中的要求，在“投标文件组成设置”模块中的“其他材料”中新增。新增内容需要作为评审内容的，应同时在“评标办法设置”模块中新增评分点名称和评审标准。

十三、请各有关单位注意在实践中总结经验，及时将发现的问题和修改建议函告江西省交通运输厅（地址：江西省南昌市红谷滩新区红角洲片区卧龙路1号江西省交通运输厅建管处，邮政编码：330036），以便修订时研用。

江西省公路工程电子招标标准施工招标文件

____________(项目名称)______类别施工招标

招 标 文 件

招标人:______________(盖电子公章)

______年____月____日

目　录

第　一　卷

第　二　卷

第　三　卷

第　四　卷

第　一　卷

卷 一 吴

第一章　招 标 公 告

第一章　招 标 公 告

________(项目名称)工程名称[①]施工招标公告

1. 招标条件

本次招标项目________(项目名称)已由________(项目审批、核准或备案机关名称)以________(批文名称及编号)批准建设，项目业主为________，建设资金来自______(资金来源)，项目出资比例为______，招标人为______。本项目土建工程已开工建设，项目________(工程名称)已具备招标条件，现对该项目的________(工程名称)施工进行公开招标。

2. 项目概况与招标范围

________(说明本次招标项目的建设地点、规模、计划工期、招标范围等)。本次招标划分为______个类别，共______个标段，类别及标段划分详见附表一。

3. 投标人资格要求

3.1　本次招标要求投标人具备的资质条件、财务要求、业绩要求、信誉要求、项目经理和项目总工资格要求见附表二～附表六，并在设备等方面具备相应的施工能力。

截至______年______月______日[②]__24__时__00__分，江西省交通建设市场信用信息管理系统(以下简称“信用系统”)最新发布的公路施工企业________(序列名称)序列信用评价结果为本次招标使用的信用等级(以下简称“信用等级”，除特别说明外均为此含义)。信用等级为D级的投标人不具有投标资格；未被评价的投标人，其信用等级根据江西省公路水运建设市场从业单位信用管理的有关办法确定。

截至______年______月______日[③]__24__时__00__分，未在江西省公共资源交易系统(交通平台)(以下简称“交易系统”)开设交通施工用户的从业单位不具有投标资格；在截止时间之前，投标人未在交易系统完成登记[④]的资质、财务能力、业绩、人员和获奖

① 工程名称指交通安全设施工程或绿化工程。

② 截止日期应为公告发布的前一日。

③ 截止日期应为公告发布的前一日。

④ 投标人在交易系统交通用户库中录入的信息通过审核后，即为完成登记，该信息完成登记的时间指最近一次通过审核的时间。

情况,评标时不予认可;投标人在交易系统完成登记的资质、财务能力、业绩、人员和获奖情况等信息在截止时间后发生更改的,评标时以截止时间前采集的数据为准。

3.2 本次招标不接受联合体投标。

3.3 本次招标要求投标人按类别进行报名。投标人在制作投标文件时,其所投的1 个类别仅需制作 1 份第一信封(商务及技术文件),但必须对所投标类别下的所有标段分别制作第二信封(报价文件)。投标人最终的投标标段将在第二信封(报价文件)开标现场随机确定①。

投标人投标数量和中标数量的规定:

3.3.1 信用系统内信用等级评价为________(信用等级)级的投标人最多可对________(最多数量)个类别投标,最多可通过________(最多数量)个类别的第一信封(商务及技术文件)评审……

3.3.2 信用系统内信用等级评价为________(信用等级)级的投标人在________(类别名称)类中最多可投________(最多数量)个标段,且在该类别中最多可中________个标段……

3.3.3 信用系统内信用等级评价为________(信用等级)级的投标人在本次招标项目最多允许中________(最多数量)个标……

3.4 单位负责人为同一人或者存在控股、管理关系的不同单位(即关联企业组),不得参加同一标段投标或者未划分标段的同一招标项目投标。

3.5 为满足第 3.4 款的规定,可能出现同一类别的关联企业组成员不能全部获得第二信封(报价文件)开标资格的情况。

4. 招标文件的获取

4.1 凡有意参加投标者,请于______年______月______日______时______分至______年______月______日______时______分(北京时间,下同),在交易系统中报名并支付费用(某类别中具备多个标段投标资格的投标人,应在其可投标段资格数范围内一次性购买)后,在江西省公共资源交易系统(填写具体网址)下载招标文件及相关资料。

4.2 招标文件每套售价______元,电子版图纸每套售价______元,售后不退。

5. 投标文件的递交

5.1 招标人将______(组织或不组织)进行工程现场踏勘和召开投标预备会。

踏勘现场集中时间:______年______月______日______时______分,集中地点:__________。

投标预备会召开时间:______年______月______日______时______分,召开地点:

① 只有 1 个标段的类别无须在第二信封开标现场随机确定标段。

__________。

5.2 投标文件递交的截止时间(投标截止时间,下同)为______年______月______日______时______分,投标人应于投标截止时间前将投标文件上传到达交易系统。

5.3 投标文件逾期到达或者未到达交易系统的视为放弃本次投标。

6. 发布公告的媒介

本次招标公告同时在____________(发布公告的媒介名称)上发布。

7. 联系方式

招 标 人:____________________	招标代理机构:____________________
地 址:____________________	地 址:____________________
邮政编码:____________________	邮 政 编 码:____________________
联 系 人:____________________	联 系 人:____________________
电 话:____________________	电 话:____________________
传 真:____________________	传 真:____________________

____年____月____日

附表一　类别及标段划分一览表(适用于交通安全设施工程)

标段	类别	起讫桩号	长度	主要工程内容及参考工程量
……				

附表一 类别及标段划分一览表(适用于绿化工程)

标段	类别	起讫桩号	长度	主要工程内容及参考工程量
……				

附表二 资质条件要求

施工企业资质等级要求
______类投标人必须具备以下资质： 适用于交通安全设施工程： □公路交通工程专业承包公路安全设施分项(等级)及以上资质或公路交通工程专业承包交通安全设施分项资质。 适用于绿化工程： □城市园林绿化工程(等级)及以上

注：具体资质要求由招标人在满足国家相关法律法规前提下，根据招标项目具体特点和实际情况从上表中选择确定，但不得设置过高的资质要求。

附表三 财务要求

财务要求
在信用系统内信用等级评价为最高级的____类投标人的财务能力应同时满足： □投标人的注册资金不小于人民币____万元； □投标人的____年度的(以万元为单位的财务指标)不小于(或不大于)____万元； □投标人的____年度的(以百分比为单位的财务指标)不小于(或不大于)____%。 在信用系统内信用等级评价为其他等级的____类投标人的财务能力应同时满足： □投标人的注册资金不小于人民币____万元； □投标人的____年度的(以万元为单位的财务指标)不小于(或不大于)____万元； □投标人的____年度的(以百分比为单位的财务指标)不小于(或不大于)____%

注：具体财务要求由招标人在满足国家相关法律法规前提下，根据招标项目具体特点和实际情况从上表中选择确定，且不宜超过5项，不得设置过高的要求。

附表四 业绩要求

业绩要求
____类投标人近____年(指____年____月____日至____年____月____日,下同)的已完工程(指交易系统用户库采集的交工日期在前述时间内的工程)业绩应同时满足: 适用于交通安全设施工程: □承建(建设性质)(车道数)车道及以上(公路等级)交通工程施工(工程内容)合同金额不少于____万元的标段不少于____个; □在一个标段内承建(建设性质)(车道数)车道及以上(公路等级)(工程内容)工程施工不少于____千米,且累计修建(建设性质)(车道数)车道及以上(公路等级)(工程内容)工程施工不少于____千米。 适用于绿化工程: □承建(建设性质)(车道数)车道及以上(公路等级)绿化工程施工合同金额不少于____万元的标段不少于____个; □在一个标段内承建(建设性质)(车道数)车道及以上(公路等级)绿化工程施工不少于____千米,且累计修建(建设性质)(车道数)车道及以上(公路等级)绿化工程施工不少于____千米; □承建绿化工程合同金额不少于____万元的标段不少于____个

注:具体业绩要求由招标人在满足国家相关法律法规前提下,根据招标项目具体特点和实际情况从上表中选择确定,但不得设置过高的业绩条件。

附表五　资格审查条件(信誉要求)

信誉要求
1. 未受到责令停产、停业的行政处罚或未处于财务被接管、冻结、破产状态的情况。 2. 未被江西省交通运输厅及以上管理部门取消在江西省内的投标资格或禁止进入江西省公路建设市场且处于有效期内。 3. 未出现在全国建筑市场诚信信息平台上正受到住房和城乡建设部暂扣或吊销企业资质的处罚情况。 4. 无对本项目有重大影响的诉讼案件。 5. 最近 3 年(指____年____月____日至____年____月____日,下同)内未发生骗取中标或严重违约或工程施工中存在有重大工程质量事故或重特大安全事故的情况。 6. 在江西省交通建设市场信用信息管理系统最新发布的信用评价结果中未被评为 D 级。 7. 投标人、投标人的法定代表人、委托代理人、拟任项目经理(及备选人)及项目总工(及备选人)近 3 年内无行贿犯罪记录。 8. 投标人及其从业人员近 3 年不存在江西省纪委驻江西省交通运输厅纪检监察部门查实(或认定)涉案金额累计在 10 万元及以上的行贿行为记录

附表六　项目经理和项目总工资格要求(适用于交通安全设施工程)

<table>
<tr><th>人　员</th><th>数　量</th><th>资 格 要 求</th></tr>
<tr><td>项目经理</td><td>1 人</td><td rowspan="2">具备(职称专业)(职称等级)职称;(注册建造师专业名称)专业(注册建造师等级)注册建造师;持有安全生产考核合格“B”类证书;年龄____周岁及以下</td></tr>
<tr><td>项目经理备选人</td><td>1 人</td></tr>
<tr><td>项目总工</td><td>1 人</td><td rowspan="2">具备(职称专业)(职称等级)职称;持有安全生产考核合格“B”类证书;年龄____周岁及以下</td></tr>
<tr><td>项目总工备选人</td><td>1 人</td></tr>
</table>

附表六 项目经理和项目总工资格要求(适用于绿化工程)

<table>
<tr><th>人 员</th><th>数 量</th><th>资 格 要 求</th></tr>
<tr><td>项目经理</td><td>1人</td><td rowspan="2">具备(职称专业)(职称等级)职称;持有安全生产考核合格“B”类证书;年龄____周岁及以下</td></tr>
<tr><td>项目经理备选人</td><td>1人</td></tr>
<tr><td>项目总工</td><td>1人</td><td rowspan="2">具备(职称专业)(职称等级)职称;持有安全生产考核合格“B”类证书;年龄____周岁及以下</td></tr>
<tr><td>项目总工备选人</td><td>1人</td></tr>
</table>

第二章　投标人须知

第二章　投标人须知

投标人须知前附表

条款号	条款名称	编列内容
1.1.2	招标人	名　称:________ 地　址:________ 联系人:________ 电　话:________
1.1.3	招标代理机构	名　称:________ 地　址:________ 联系人:________ 电　话:________
1.1.4	项目名称	
1.1.5	建设地点	
1.2.1	资金来源	
1.2.2	出资比例	
1.2.3	资金落实情况	
1.3.1	招标范围	
1.3.2	计划工期	本类别计划总工期:______个月 计划开工日期:______年______月 计划交工日期:______年______月
1.3.3	质量要求	标段工程交工验收的质量评定:______ 标段工程竣工验收的质量评定:______
1.3.4	安全目标要求	标段安全目标要求:______
1.4.1	投标人资质条件、能力和信誉	资质条件:见附录1 财务要求:见附录2 业绩要求:见附录3 信誉要求:见附录4 项目经理和项目总工资格:见附录5 其他要求:见附录6
1.4.2	是否接受联合体投标	不接受
1.9.1	踏勘现场	□不组织 □组织，踏勘集中时间:______年______月______日______时______分 踏勘集中地点:________

续上表

条款号	条款名称	编列内容
1.10.1	投标预备会	□不召开 □召开,召开时间:______年______月______日______时______分 召开地点:____________
1.10.2	投标人网上提出问题的截止时间	递交投标文件截止之日______天前
1.10.3	招标人网上澄清的时间	递交投标文件截止之日______天前
1.11	分　包	本项目严禁转包和违规分包,且不得再次分包。投标人拟在中标后将中标项目的部分工作进行分包的,应符合交通运输部《关于印发公路工程施工分包管理办法的通知》(交公路发〔2011〕685号)和江西省交通运输厅相关文件的规定,不允许分包的内容见投标人须知前附表第10.3款。 投标人如有分包计划,应按第八章"投标文件格式"的要求填写"拟分包项目情况表",且投标人中标后的分包应满足项目专用合同条款第4.3款的相关要求
1.12	偏　离	□不允许 □允许
2.1	构成招标文件的其他材料	______(由招标人明确)
2.2.1	投标人要求澄清招标文件的截止时间	递交投标文件截止之日______天前
2.2.2	投标截止时间	______年______月______日______时______分
2.2.3	投标人确认收到招标文件澄清的时间	无须确认
2.3.2	投标人确认收到招标文件修改的时间	无须确认
3.1.1	构成投标文件的其他材料	______(由招标人明确)
3.2.1	工程量清单的填写方式	投标人按交易系统提供的工程量固化清单电子文件填写工程量清单
3.2.5	是否接受调价函	否
3.2.7	最高投标限价	□最高投标限价随招标文件发布:(填写各标段最高投标限价) □最高投标限价以补遗书的形式发布,发布时间在投标截止时间15天前

续上表

条款号	条款名称	编列内容
3.3.1	投标有效期	自投标截止时间之日起计算______天
3.4.1	投标保证金	投标保证金的金额:______元/标段。 在信用系统中信用等级评价为最高信用等级的投标人,投标保证金的金额:______元/标段。 投标保证金的形式:______。 投标保证金到账截止时间为: ______年______月______日______时______分(应在投标截止时间48小时前)。 投标保证金递交的开户银行及账号如下: 账户名:____________________ 开户银行:____________________ 账号:____________________ 投标人应在保证金递交模块获取其所投类别的保证金账号,该账号由交易系统随机生成。 各类别投标保证金的递交份数应与投标人在该类别可通过第一信封(商务及技术文件)评审的资格数量一致,若少于该数量,则在第一信封(商务及技术文件)评审时,相应减少投标人可通过的资格数量
3.4.3	投标保证金的退还	招标人应当在中标通知书发出后5日内向中标候选人以外的其他投标人退还投标保证金及利息,与中标人签订书面合同后5日内向中标人和其他中标候选人退还投标保证金及利息。投标保证金的计息期为投标保证金到账之日至退还之日,但最长不超过投标有效期,利率为中国人民银行公布的同期活期存款利率
3.5.2	近年财务状况的年份要求	______年~______年
3.5.3	近年完成的类似项目的年份要求	______年______月~______年______月
3.5.5	近年信誉情况的年份要求	______年______月~______年______月
3.5.6	项目经理(及备选人)和项目总工(及备选人)人员选择规定	第一章第3.3款规定投标人在本次招标只允许中1个标段的,不同类别投标文件中填报的项目经理(及备选人)和项目总工(及备选人)允许重复,否则,投标人在不同类别投标文件中填报的项目经理(及备选人)和项目总工(及备选人)不允许重复
3.6	是否允许递交备选投标方案	□不允许 □允许
3.7.3	签字或盖章要求	第八章"投标文件格式"中规定需加盖电子签章的页面,投标人须加盖投标人单位电子公章或法定代表人电子签章

续上表

条款号	条款名称	编列内容
3.7.4	投标文件正、副本份数	投标阶段仅提交电子投标文件(格式为*.JX-TF),如中标再提供纸质投标文件正本一份,副本______份。 中标人提供的纸质投标文件需与投标时提供的电子投标文件保持一致,如有不一致,以电子投标文件为准。 中标人应在合同协议书签订前,将"人工、材料、机械台班单价汇总表"与已标价工程量清单单价一致的"单价分析表"和"其他工程费及间接费综合费率计算表"逐页加盖投标人单位公章后递交至招标人,并同时递交电子版
3.7.5	装订要求	中标人递交的纸质投标文件应是电子投标文件的打印件,正本应逐页加盖投标人单位公章,纸质投标文件应标注页码,且不得采用活页夹装订
3.7.6	投标文件的制作份数要求	投标人在制作投标文件时,其所投的 1 个类别仅需制作 1 份第一信封(商务及技术文件),但必须对所投标类别下的所有标段分别制作第二信封(报价文件)
4.1	投标文件的制作	4.1.1 投标人必须按交易系统规定的要求制作、上传投标文件,以保证投标文件的有效性和保密性。 4.1.2 投标人生成的投标文件第一信封(商务及技术文件)统一命名为"______项目××类别";第二信封(报价文件)统一命名为"______项目××标段"①。 4.1.3 未按第 4.1.1 项要求制作的投标文件,交易系统将无法识别,视为无效投标
4.2	投标文件递交	4.2.1 投标人的投标文件应在第 2.2.2 项规定的投标截止时间前到达交易系统。 4.2.2 投标人所递交的投标文件不予退回。 4.2.3 逾期到达或者未到达交易系统的投标文件视为放弃本次投标。 4.2.4 在特殊情况下,招标人如果决定延后投标截止时间,应在原定投标截止时间 3 天前,在江西省公共资源交易系统(填写具体网址)以补遗书的形式通知所有投标人延后投标截止时间。在此情况下,招标人和投标人的权利和义务相应延后至新的投标截止时间

① 项目名称由招标人填写,类别或标段名称由投标人填写。

续上表

条款号	条款名称	编列内容
5.1	开标时间和地点	投标文件[第一信封(商务及技术文件)] 开标时间:同投标截止时间 投标文件[第一信封(商务及技术文件)] 开标地点:________________ 投标文件[第二信封(报价文件)] 开标时间:□在第一信封(商务及技术文件)开标现场宣布 □填写具体时间 投标文件[第二信封(报价文件)] 开标地点:________________
5.2.1	投标文件[第一信封(商务及技术文件)]开标程序	(1)投标人代表持 CA 数字证书进入开标现场。 (2)宣布开标纪律。 (3)宣布招标人代表、监标人等有关工作人员姓名。 (4)宣布开标顺序。 (5)检查各类别投标文件递交到达情况。若某类别投标文件到达总份数不能满足该类别平均每标段投标人至少 3 个的规定,则该类别不予开标。 (6)投标人解密。招标人应在第一信封(商务及技术文件)开标现场宣布解密的开始时间,投标人应在解密时长(____分钟)内对所递交的第一信封(商务及技术文件)进行解密,未在规定的时间内进行解密的视为无效投标(因交易中心网络或解密机故障除外)。 (7)招标人解密。招标人按类别顺序对第一信封(商务及技术文件)解密。 (8)公布投标人名称、投标保证金递交份数、解密情况及其他内容,并记录在案。 (9)投标人代表、招标人、监标人、公证人等有关人员在开标记录上签字确认,投标人代表未签字确认的视为默认开标结果。 (10)开标结束
5.2.4	投标文件[第二信封(报价文件)]开标程序	(1)投标人代表持 CA 数字证书进入开标现场。 (2)宣布开标纪律。 (3)纪检监督人员宣布第一信封(商务及技术文件)评审结果。投标人未通过第一信封(商务及技术文件)评审的类别下所有标段的第二信封(报价文件)不予开标。 (4)宣布招标人代表、监标人等有关工作人员姓名

续上表

条款号	条 款 名 称	编 列 内 容
5.2.4	投标文件[第二信封(报价文件)]开标程序	(5)宣布开标顺序。 (6)开标。按照宣布的开标顺序进行开标。 ①投标人解密。 招标人在第一信封(商务及技术文件)开标现场宣布第二信封(报价文件)开标时间的,应在第二信封(报价文件)开标现场宣布解密的开始时间,投标人应在解密时长(____分钟)内对其通过第一信封(商务及技术文件)评审的子类别下所有标段的第二信封(报价文件)进行解密,未在规定时间内进行解密的视为无效投标(因交易中心网络或解密机故障除外)。 招标人在第5.1款规定了第二信封(报价文件)开标具体时间的,应在第二信封(报价文件)开标现场宣布解密的开始时间,投标人应在解密时长(____分钟)内对其通过第一信封(商务及技术文件)评审的子类别下所有标段的第二信封(报价文件)进行解密,未在规定时间内进行解密的视为无效投标(因交易中心网络或解密机故障除外)。 ②随机确定投标人所投标段。通过第一信封(商务及技术文件)评审的投标人采用随机方式确定其投标标段,确定方式见本章第10.4款。在随机确定投标人的投标标段后,对第二信封(报价文件)进行开标,投标人该类别其余标段的第二信封(报价文件)不予开标。 ③招标人解密。招标人按标段顺序当众解密第二信封(报价文件),公布投标人名称、投标报价、是否超出最高投标限价、解密情况及其他内容,并记录在案。 ④按标段随机抽取评标基准价计算方法和参数。 (7)投标人代表、招标人、监标人、公证人等有关人员在开标记录上签字确认,投标人代表未签字确认的视为默认开标结果。 (8)开标结束
6.1.1	评标委员会的组建	评标委员会构成:5人及以上单数,其中专家人数不少于2/3。 评标专家确定方式:从______专家库中随机抽取

续上表

<table>
<tr><th>条款号</th><th>条 款 名 称</th><th>编 列 内 容</th></tr>
<tr><td>7.1</td><td>是否授权评标委员会确定中标人</td><td>□是
□否，推荐的中标候选人的人数为 3 名，特殊情况不足 3 名的，按实际可推荐人数确定</td></tr>
<tr><td>7.3.1</td><td>履约担保</td><td>履约担保金额：____% 签约合同价。
在信用系统评为最高信用等级的中标人，履约担保金额为____% 签约合同价。
履约担保形式及相应金额：
□银行保函；
□____% 银行保函 + ____% 现金（电汇或银行汇票形式）；
□银行保函或现金（电汇或银行汇票形式）：
采用银行保函时，出具履约担保的银行级别：____；
采用现金时，应从投标人的基本账户汇出。</td></tr>
<tr><td>8.1</td><td>重新招标</td><td>有下列情形之一的，招标人将重新招标：
(1)第一信封（商务及技术文件）开标前，若某类别投标文件到达总份数不能满足该类别平均每标段投标人至少 3 个的规定，则对该类别重新招标。
(2)经评标委员会评审后否决某类别或标段所有投标的，则对该类别或该标段重新招标。
(3)某标段中标候选人均未与招标人签订合同的，则对该标段重新招标。
(4)法律规定的其他情形</td></tr>
<tr><td>9.5</td><td>监督部门</td><td>监督部门：________________
地　　址：________________
电　　话：________________
传　　真：________________
邮政编码：________________</td></tr>
<tr><td colspan="3">需要补充的其他内容</td></tr>
<tr><td>10.2</td><td colspan="2">已标价工程量清单的修正：在签订合同协议前，如招标人认为中标人已标价工程量清单中存在不平衡报价，在不改变投标报价的前提下，中标人必须接受招标人对相关部分单价或总额价的修正，并按招标人规定的时间提交修正后的已标价工程量清单，否则，招标人将取消其中标资格</td></tr>
<tr><td>10.3</td><td colspan="2">不允许分包的内容：(由招标人明确)</td></tr>
</table>

续上表

条款号	条款名称	编列内容
10.4	随机确定投标人的投标标段(不适用于一个标段的类别) 招标人将按照宣布的开标顺序,依次对各类别以随机摸号方式在第二信封(报价文件)开标现场确定各投标人的投标标段。 10.4.1　摸号时间 在第二信封(报价文件)开标现场[纪检监督人员宣布第一信封(商务及技术文件)评审结果,投标人在规定时间内对第二信封(报价文件)解密后],由投标人代表通过随机摸号的方式确定其所投标段(等待每个投标人的摸号时间不超过 5 分钟)。 10.4.2　摸号顺序 具有关联关系的投标人即关联企业组(可投多个标段的同一投标人视为一个关联企业组),将具有同一母公司或控股公司的关联企业组组合为一个关系组。摸号按关系组、关联企业组、非关联企业投标人的顺序进行摸号。 (1)首先进行关系组投标人的摸号。 ①按关系组各成员共同获得可投标总数量的多少排序,可投标总数量多的优先;当各关系组获得可投标总数量相同时,报名编号最靠前的投标人作为整个关系组的排名,排名靠前的关系组优先。 ②同一关系组内,母公司或控股公司优先。 ③同一关系组内,按关联企业组获得可投标总数量的多少排序,可投标总数量多的优先;当各关联企业组获得可投标总数量相同时,报名编号最靠前的投标人作为整个关联企业组的排名,排名靠前的关联企业组优先。 ④同一关联企业组内,母公司或控股公司优先,其他成员按报名编号的顺序摸号。 (2)其次进行关联企业组投标人的摸号。 ①按关联企业组共同获得可投标总数量的多少排序,可投标总数量多的优先;当各关联企业组获得可投标总数量相同时,报名编号最靠前的投标人作为整个关联企业组的排名,排名靠前的关联企业组优先。 ②同一关联企业内,母公司或控股公司优先。 ③同一关联企业内,其他成员按报名编号的顺序摸号。 (3)最后,非关联企业投标人按报名编号的顺序进行摸号。 10.4.3　摸号规则 (1)摸号箱:每个类别制作两个摸号箱,分别标注为“1 号”和“2 号”字样。 (2)摸号乒乓球:在乒乓球上标注该类别的标段名称,代表各标段。 (3)标有各标段名称的乒乓球经公证人员验证、在监督人员及投标人代表的监督下由工作人员依次放入 1 号摸号箱。 (4)工作人员按摸号顺序依次进行叫号。 (5)被叫号的投标人,由其投标人代表持 CA 数字证书进行摸号。 (6)摸取标段: ①投标人首先在 1 号箱内摸球(摸取的数量为投标人的投标资格数,若关联企业组最多可获得投标资格数大于该类别的标段数量,则在 1 号箱内增加未标有标段名称的空白乒乓球,增加的数量为两者差值)。 a. 关系组中母公司或控股公司摸出乒乓球经确认有效后不放回,直至该关系组的全部投标人摸号结束后,再把摸出的全部乒乓球放回 1 号摸号箱。

续上表

条款号	条款名称	编列内容
10.4	b. 关联企业组成员摸出乒乓球经确认有效后不放回，直至该关联企业组的全部投标人摸号结束后，再把摸出的全部乒乓球放回 1 号摸号箱（空白乒乓球视下一组关联企业组最多可获得投标资格数按前述规定放入）。 ②非关联企业首先在 1 号箱内摸球，摸出乒乓球经确认有效后放回 1 号摸号箱。 ③在摸号过程中，当某标段投标人已达到 Q 个时，标有该标段的乒乓球放入 2 号箱内。 $Q=(I-J)/L$ 其中：Q 向下取整； I 为该类别的所有通过第一信封（商务及技术文件）评审的投标资格数减去在规定时间内未解密第二信封（报价文件）投标人的投标资格数； $J=I/L$，J 向下取整； L 为类别标段数。 ④当 1 号摸号箱内球少于投标人的投标资格数时，则从 2 号箱摸取剩余的标段（如 2 号箱内无球或少于投标人的投标资格数，须将从 2 号箱摸出的球全部放回 2 号箱），从 2 号箱摸出的球不再放回 2 号箱内。 ⑤以此类推，直到所有投标人代表摸号结束。 （7）投标人摸取乒乓球后交与监督人员和公证人员验证，经公证人员宣布有效后，投标人须持 CA 数字证书在交易系统内确认。拒不确认的，将视为投标人撤销其该类别的所有投标文件，其第二信封（报价文件）不予开标，投标保证金不予退还。 若出现非投标人原因，投标人的 CA 数字证书不能在交易系统内确认，经公证人员、监督人员核实，投标人应在招标人提供的“标段确认单”上签字确认其摸号结果，交易系统内的标段确认由招标人完成。 （8）若投标人未按时参加本次摸号，视为无效投标，其第二信封（报价文件）招标人不予解密	
10.5	随机确定各标段的评标基准价计算方法和参数 招标文件中设定了多种评标基准价计算方法和参数，在第二信封（报价文件）开标现场，采用随机方式确定各标段评标基准价的计算方法和参数	
……	……	

附录 1　资格审查条件(资质条件)

施工企业资质等级要求
______类投标人必须具备以下资质: 适用于交通安全设施工程: □公路交通工程专业承包公路安全设施分项(等级)及以上资质或公路交通工程专业承包交通安全设施分项资质。 适用于绿化工程: □城市园林绿化工程(等级)及以上

注:具体资质要求由招标人在满足国家相关法律法规前提下,根据招标项目具体特点和实际情况从上表中选择确定,但不得设置过高的资质要求。

附录 2　资格审查条件(财务要求)

财 务 要 求
在信用系统内信用等级评价为最高级的____类投标人的财务能力应同时满足: □投标人的注册资金不小于人民币____万元; □投标人的____年度的(以万元为单位的财务指标)不小于(或不大于)____万元; □投标人的____年度的(以百分比为单位的财务指标)不小于(或不大于)____%。 在信用系统内信用等级评价为其他等级的____类投标人的财务能力应同时满足: □投标人的注册资金不小于人民币____万元; □投标人的____年度的(以万元为单位的财务指标)不小于(或不大于)____万元; □投标人的____年度的(以百分比为单位的财务指标)不小于(或不大于)____%

注:具体财务要求由招标人在满足国家相关法律法规前提下,根据招标项目具体特点和实际情况从上表中选择确定,且不宜超过 5 项,不得设置过高的要求。

附录3 资格审查条件(业绩要求)

业 绩 要 求
______类投标人近____年(指____年____月____日至____年____月____日,下同)的已完工程(指交易系统用户库采集的交工日期在前述时间内的工程)业绩应同时满足: 适用于交通安全设施工程: □承建(建设性质)(车道数)车道及以上(公路等级)交通工程施工(工程内容)合同金额不少于____万元的标段不少于____个; □在一个标段内承建(建设性质)(车道数)车道及以上(公路等级)(工程内容)工程施工不少于____千米,且累计修建(建设性质)(车道数)车道及以上(公路等级)(工程内容)工程施工不少于____千米。 适用于绿化工程: □承建(建设性质)(车道数)车道及以上(公路等级)绿化工程施工合同金额不少于____万元的标段不少于____个; □在一个标段内承建(建设性质)(车道数)车道及以上(公路等级)绿化工程施工不少于____千米,且累计修建(建设性质)(车道数)车道及以上(公路等级)绿化工程施工不少于____千米; □承建绿化工程合同金额不少于____万元的标段不少于____个

注:具体业绩要求由招标人在满足国家相关法律法规前提下,根据招标项目具体特点和实际情况从上表中选择确定,但不得设置过高的业绩条件。

附录4 资格审查条件(信誉要求)

信 誉 要 求
1. 未受到责令停产、停业的行政处罚或未处于财务被接管、冻结、破产状态的情况。 2. 未被江西省交通运输厅及以上管理部门取消在江西省内的投标资格或禁止进入江西省公路建设市场且处于有效期内。 3. 未出现在全国建筑市场诚信信息平台上正受到住房和城乡建设部暂扣或吊销企业资质的处罚情况。 4. 无对本项目有重大影响的诉讼案件。 5. 最近3年内未发生骗取中标或严重违约或工程施工中存在有重大工程质量事故或重特大安全事故的情况。 6. 在江西省交通建设市场信用信息管理系统最新发布的信用评价结果中未被评为D级。 7. 投标人、投标人的法定代表人、委托代理人、拟任项目经理(及备选人)及项目总工(及备选人)近3年内无行贿犯罪记录。 8. 投标人及其从业人员近3年不存在江西省纪委驻江西省交通运输厅纪检监察部门查实(或认定)涉案金额累计在10万元及以上的行贿行为记录

附录 5　资格审查条件(项目经理和项目总工要求)(适用于交通安全设施工程)

<table>
<tr><th>人　员</th><th>数　量</th><th>资 格 要 求</th></tr>
<tr><td>项目经理</td><td>1 人</td><td rowspan="2">具备(职称专业)(职称等级)职称;(注册建造师专业名称)专业(注册建造师等级)注册建造师;持有安全生产考核合格"B"类证书;年龄____周岁及以下</td></tr>
<tr><td>项目经理备选人</td><td>1 人</td></tr>
<tr><td>项目总工</td><td>1 人</td><td rowspan="2">具备(职称专业)(职称等级)职称;持有安全生产考核合格"B"类证书;年龄____周岁及以下</td></tr>
<tr><td>项目总工备选人</td><td>1 人</td></tr>
</table>

附录5　资格审查条件(项目经理和项目总工要求)(适用于绿化工程)

<table>
<tr><th>人　员</th><th>数　量</th><th>资 格 要 求</th></tr>
<tr><td>项目经理</td><td>1人</td><td rowspan="2">具备(职称专业)(职称等级)职称;持有安全生产考核合格“B”类证书;年龄____周岁及以下</td></tr>
<tr><td>项目经理备选人</td><td>1人</td></tr>
<tr><td>项目总工</td><td>1人</td><td rowspan="2">具备(职称专业)(职称等级)职称;持有安全生产考核合格“B”类证书;年龄____周岁及以下</td></tr>
<tr><td>项目总工备选人</td><td>1人</td></tr>
</table>

附录 6　资格审查条件(其他要求)

其 他 要 求

注:除特殊情况外,不得设置其他要求。

1. 总则

1.1　项目概况

1.1.1　根据《中华人民共和国招标投标法》等有关法律、法规和规章的规定，本招标项目已具备招标条件，现对本项目施工进行招标。

1.1.2　本招标项目招标人：见投标人须知前附表。

1.1.3　本项目招标代理机构：见投标人须知前附表。

1.1.4　本招标项目名称：见投标人须知前附表。

1.1.5　本项目建设地点：见投标人须知前附表。

1.2　资金来源和落实情况

1.2.1　本招标项目的资金来源：见投标人须知前附表。

1.2.2　本招标项目的出资比例：见投标人须知前附表。

1.2.3　本招标项目的资金落实情况：见投标人须知前附表。

1.3　招标范围、计划工期、质量和安全目标要求

1.3.1　本次招标范围：见投标人须知前附表。

1.3.2　本项目的计划工期：见投标人须知前附表。

1.3.3　本项目的质量要求：见投标人须知前附表。

1.3.4　本项目的安全目标要求：见投标人须知前附表。

1.4　投标人资格要求

1.4.1　投标人应具备承担本标段施工的资质条件、能力和信誉。

(1)资质条件：见投标人须知前附表。

(2)财务要求：见投标人须知前附表。

(3)业绩要求：见投标人须知前附表。

(4)信誉要求：见投标人须知前附表。

(5)项目经理和项目总工资格：见投标人须知前附表。

(6)其他要求：见投标人须知前附表。

1.4.2　是否接受联合体投标：见投标人须知前附表。

1.4.3　投标人不得存在下列情形之一：

(1)为招标人不具有独立法人资格的附属机构(单位)。

(2)为本标段前期准备提供设计或咨询服务的，但设计施工总承包的除外。

(3)为本标段的监理人。

(4)为本标段的代建人。

(5)为本标段提供招标代理服务的。

(6)与本标段的监理人或代建人或招标代理机构同为一个法定代表人的。

(7)与本标段的监理人或代建人或招标代理机构相互控股或参股的。

(8)与本标段的监理人或代建人或招标代理机构相互任职或工作的。

(9)被责令停业的。

(10)被暂停或取消投标资格的。

(11)财产被接管或冻结的。

(12)在最近三年内有骗取中标或严重违约或重大工程质量问题的。

(13)涉及正在诉讼的案件,或涉及正在诉讼的案件但经审查委员会认定会对承担本项目造成重大影响。

(14)被省级及以上交通主管部门取消项目所在地的投标资格或禁止进入该区域公路建设市场且处于有效期内。

(15)为投资参股本项目的法人单位。

1.5 费用承担

投标人准备和参加投标活动发生的费用自理。

1.6 保密

参与招标投标活动的各方应对招标文件和投标文件中的商业和技术等秘密保密,违者应对由此造成的后果承担法律责任。

1.7 语言文字

除专用术语外,与招标投标有关的语言均使用中文。必要时专用术语应附有中文注释。

1.8 计量单位

所有计量均采用中华人民共和国法定计量单位。

1.9 踏勘现场

1.9.1 投标人须知前附表规定组织踏勘现场的,招标人按投标人须知前附表规定的时间、地点组织投标人踏勘项目现场。

1.9.2 投标人踏勘现场发生的费用自理。

1.9.3 除招标人的原因外,投标人自行负责在踏勘现场中所发生的人员伤亡和财产损失。

1.9.4 招标人在踏勘现场中介绍的工程场地和相关的周边环境情况,供投标人在编制投标文件时参考,招标人不对投标人据此作出的判断和决策负责。

1.9.5 招标人提供的本合同工程的水文、地质、气象和料场分布、取土场、弃土场位置等参考资料,并不构成合同文件的组成部分,投标人应对自己对上述资料的解释、推论和应用负责，招标人不对投标人据此作出的判断和决策承担任何责任。

1.10　投标预备会

1.10.1　投标人须知前附表规定召开投标预备会的，招标人按投标人须知前附表规定的时间和地点召开投标预备会，澄清投标人提出的问题。

1.10.2　投标人应在投标人须知前附表规定的时间前，在交易系统中提出问题，以便招标人在会议期间澄清。

1.10.3　投标预备会后，招标人在投标人须知前附表规定的时间内，将对投标人所提问题的澄清，在交易系统中以补遗书的形式通知所有购买招标文件的投标人。该补遗书内容为招标文件的组成部分。

1.11　分包

见投标人须知前附表。

1.12　偏离

投标人须知前附表允许投标文件偏离招标文件某些要求的，偏离应当符合招标文件规定的偏离范围和幅度。

偏离即偏差，偏差分重大偏差和细微偏差。

1.12.1　投标文件不符合第三章“评标办法”第2.1款所列的初步评审标准，属于重大偏差，视为对招标文件未作出实质性响应，评标委员会将否决其投标。

1.12.2　投标文件中的下列偏差为细微偏差：施工组织设计（含关键工程技术方案）和项目管理机构不够完善。

1.12.3　评标委员会对投标文件中的细微偏差按如下规定处理：

对于本章第1.12.2项所述的细微偏差，如果采用合理低价法或经评审的最低投标价法评标，应要求投标人对细微偏差进行澄清，只有投标人的澄清文件被评标委员会接受，投标人才能参加投标价的最终评比。如果采用综合评估法评标，评标委员会可在相关评分因素的评分中酌情扣分，但最多不得超过各评分因素权重分值的40%。

2. 招标文件

2.1　招标文件的组成

本招标文件包括：

（1）招标公告（投标邀请书）。

（2）投标人须知。

（3）评标办法。

（4）合同条款及格式。

（5）工程量清单。

(6)图纸。

(7)技术规范。

(8)投标文件格式。

(9)投标人须知前附表规定的其他材料。

根据本章第 1.10 款、第 2.2 款和第 2.3 款对招标文件所作的澄清、修改,构成招标文件的组成部分。

当招标文件、招标文件的澄清或修改等在同一内容的表述上不一致时,以最后发出的补遗书为准。

2.2 招标文件的澄清

2.2.1 投标人应仔细阅读和检查招标文件的全部内容。如发现缺页或附件不全,应及时向招标人提出,以便补齐。如有疑问,应在投标人须知前附表规定的时间前在交易系统中提出疑问,要求招标人对招标文件予以澄清。

2.2.2 招标文件的澄清将在投标人须知前附表规定的投标截止时间 15 天前以补遗书形式发给所有购买招标文件的投标人,但不指明澄清问题的来源。如果澄清发出的时间距投标截止时间不足 15 天,应应相应延长投标截止时间。招标人有责任保证补遗书到达所有购买招标文件的投标人的用户系统。

2.2.3 投标人在收到澄清后,应在投标人须知前附表规定的时间内确认已收到该澄清。

2.3 招标文件的修改

2.3.1 在投标截止时间 15 天前,招标人可以补遗书形式修改招标文件,并通知所有已购买招标文件的投标人。如果修改招标文件的时间距投标截止时间不足 15 天,应相应延长投标截止时间。招标人有责任保证补遗书到达所有购买招标文件的投标人的用户系统。

2.3.2 投标人收到修改内容后,应在投标人须知前附表规定的时间内确认已收到该修改。

3. 投标文件

3.1 投标文件的组成

投标文件应包括下列内容:

第一信封(商务及技术文件):

一、投标函及投标函附录;

二、法定代表人身份证明及授权委托书;

三、投标保证金;

四、施工组织设计（如有）；

五、项目管理机构；

六、拟分包项目情况表；

七、资格审查资料；

八、承诺函；

九、其他资料（如有）。

第二信封（报价文件）：

一、投标报价函；

二、价格指数和权重表（如有）；

三、已标价工程量清单。

3.2　投标报价

3.2.1　已标价工程量清单须由投标人按交易系统提供的工程量固化清单电子文件填报生成。

本项目招标采用工程量固化清单，投标人填写工程量清单中的单价或总额价，即可自动生成投标报价，完成投标工程量清单的编制，确定投标报价。投标人未在工程量清单中填入单价或总额价的工程子目，将被认为其已包含在工程量清单其他子目的单价和总额价中，招标人将不予支付。

投标人必须严格遵循工程量固化清单电子文件中的数据、格式及运算定义。严禁投标人修改工程量固化清单电子文件中的数据、格式及运算定义。

3.2.2　投标人在投标截止时间前如需修改投标报价函中的投标报价，应通过修改第五章“工程量清单”中的相应报价实现。此修改须符合本章第4.3款的有关要求。

3.2.3　投标人如果发现工程量清单中的数量与图纸中数量不一致时，应立即通知招标人核查，除非招标人以补遗书形式予以更正，否则，应以工程量清单中列出的数量为准。

3.2.4　投标人应根据《公路水运工程安全生产监督管理办法》，在投标总价中计入安全生产费用，安全生产费用应符合合同条款第9.2.5项的规定。工程量清单100章内列有上述安全生产费的支付子目，由投标人按招标文件的规定填写总额价。

3.2.5　招标人不接受调价函。

3.2.6　在合同实施期间，投标人填写的单价、合价和总额价是否由于物价波动进行价格调整按照合同条款第16.1款的规定处理。如果按照合同条款第16.1.1项的规定采用价格调整公式进行价格调整，由招标人根据项目实际情况测算确定价格调整公式中变值权重范围，并在投标函附录价格指数和权重表中约定范围；投标人在此范围内填写各可调因子的权重，合同实施期间将按此权重进行调价。

3.2.7　招标人发布最高投标限价的方式：见投标人须知前附表。

3.3　投标有效期

3.3.1　在投标人须知前附表规定的投标有效期内，投标人不得要求撤销或修改其投标文件。

3.3.2 出现特殊情况需要延长投标有效期的,招标人以补遗书形式通知所有投标人延长投标有效期。投标人同意延长的,应相应延长其投标保证金的有效期,但不得要求或被允许修改或撤销其投标文件;投标人拒绝延长的,其投标失效,但投标人有权收回其投标保证金。

3.4 投标保证金

3.4.1 投标人在递交投标文件的同时,应按投标人须知前附表规定的金额、担保形式递交投标保证金,并作为其投标文件的组成部分。

投标保证金必须选择下列任一种形式:电汇、转账支票或招标人规定的其他形式。招标人的开户银行及账号见投标人须知前附表。

(1)若采用电汇,投标人应在投标人须知前附表规定的投标保证金到账截止时间之前,将投标保证金由投标人的基本账户按标段或类别一次性汇入招标人指定账户,否则视为投标保证金无效;

(2)若采用转账支票,则应由投标人开立基本账户的银行开具,并在投标人须知前附表规定的投标保证金递交截止时间之前,到达招标人指定的账户,否则视为投标保证金无效。

3.4.2 投标人不按本章第3.4.1项要求提交投标保证金的,评标委员会将否决其投标。

3.4.3 投标保证金的退还:见投标人须知前附表。

3.4.4 有下列情形之一的,投标保证金将不予退还:

(1)投标人在规定的投标有效期内撤销或修改其投标文件。

(2)中标人在收到中标通知书后,无正当理由拒签合同协议书或未按招标文件规定提交履约担保。

(3)投标人不接受依据评标办法的规定对其投标文件中的细微偏差进行澄清和补正。

(4)投标人提交了虚假资料。

3.5 资格审查资料

3.5.1 “投标人基本情况表”中填写的企业法人营业执照号、资质等级、安全生产许可证号及有效期[①]、基本账户开户银行和基本账户号等,应与投标人在交易系统中完成登记的信息一致。

“投标人项目管理机构主要管理人员汇总表”中填报的项目经理(及备选人)和项目总工(及备选人),及其技术职称、资格审查条件所要求的其他相关证书(如建造师注册证书号、安全生产考核合格证书号等),均应在交易系统中完成登记。

① 企业安全生产许可证不适用于绿化工程招标。

拟委托的项目经理（及备选人）、项目总工（及备选人）资历表中填报的身份证号、职称、资格审查条件所要求的其他相关证书（如建造师注册证书号、安全生产考核合格证书号等）、业绩和获奖情况，均应在交易系统中完成登记。

3.5.2　“近年财务状况表”中填报的数据应与交易系统中完成登记的数据一致，具体年份要求见投标人须知前附表。

3.5.3　“近年完成的类似项目情况汇总表”中填报的项目应在交易系统进行了完成登记，具体年份要求见投标人须知前附表。

3.5.4　“正在施工和新承接的项目情况表”，每张表格只填写一个项目，并标明序号。

3.5.5　“近年履约信誉情况表”应说明相关情况，并附相关证明文件，投标人填报的获奖情况应在交易系统完成登记，具体年份要求见投标人须知前附表。

3.5.6　投标人在不同标段填报的项目经理（及备选人）和项目总工（及备选人）人员选择规定见投标人须知前附表。

3.5.7　招标人将进一步核查投标人在投标文件中提供的材料，若在评标期间发现投标人提供了虚假资料，评标委员会将否决其投标，招标人将没收其投标担保；若在评标结果公示至中标通知书发出期间，发现作为中标候选人的投标人提供了虚假资料，招标人有权取消其中标资格并没收其投标担保；若在合同签订前，发现中标人在投标文件中提供了虚假资料，招标人有权取消其中标资格并没收其投标担保；若在合同实施期间发现投标人提供了虚假资料，招标人有权从工程支付款或履约保证金中扣除不超过10%签约合同价的金额作为违约金。同时招标人将投标人以上弄虚作假行为上报省级交通主管部门，作为不良记录纳入信用系统。

3.5.8　投标人投标文件中填报的资质、业绩、人员、财务和获奖情况，均不得与交易系统中完成登记的信息相冲突，否则将导致其评审时不被认可。

3.6　备选投标方案

除投标人须知前附表另有规定外，投标人不得递交备选投标方案。允许投标人递交备选投标方案的，只有中标人所递交的备选投标方案方可予以考虑。评标委员会认为中标人的备选投标方案优于其按照招标文件要求编制的投标方案的，招标人可以接受该备选投标方案。

3.7　投标文件的编制

3.7.1　投标文件应按第八章“投标文件格式”进行编写，如有必要，可以增加附页，作为投标文件的组成部分。其中，投标函附录在满足招标文件实质性要求的基础上，可以提出比招标文件要求更有利于招标人的承诺。

3.7.2　投标文件应当对招标文件有关工期、投标有效期、质量要求、技术标准和要求、招标范围等实质性内容作出响应。

3.7.3　投标文件签字、盖章要求：见投标人须知前附表。

3.7.4 投标文件正、副本份数要求:见投标人须知前附表。

3.7.5 投标文件的装订要求:见投标人须知前附表。

3.7.6 投标文件的制作份数要求:见投标人须知前附表。

4. 投标

4.1 投标文件的制作

见投标人须知前附表。

4.2 投标文件的递交

见投标人须知前附表。

4.3 投标文件的修改与撤回

4.3.1 在本章第2.2.2项规定的投标截止时间前,投标人可以修改或撤回已递交的投标文件。

4.3.2 修改后的投标文件应按照本章第3条、第4条规定进行编制、递交。

5. 开标

5.1 开标时间和地点

招标人在本章第2.2.2项规定的投标截止时间(开标时间)和投标人须知前附表规定的地点对收到的投标文件第一信封(商务及技术文件)公开开标,所有投标人的投标人代表须准时参加。

招标人在投标人须知前附表规定的时间和地点对投标文件第二信封(报价文件)进行开标,所有投标人的投标人代表须准时参加。

两次开标时,所有投标人应由投标人代表持CA数字证书到开标地点进行投标文件开标及解密。

5.2 开标程序

5.2.1 招标人将按照本章第5.1款规定的时间和地点对投标文件第一信封(商务及技术文件)进行开标。开标程序见投标人须知前附表。

5.2.2 若招标人宣读的内容与投标文件不符时,投标人有权在开标现场提出异议,监标人当场核查确认;若投标人现场未提出异议,则认为投标人已确认招标人宣读的内容。

5.2.3 投标文件第一信封(商务及技术文件)开标现场不对第二信封(报价文件)进行解密。

5.2.4 招标人将按照本章第5.1款规定的时间和地点对投标文件第二信封(报价文件)进行开标。开标程序见投标人须知前附表。

5.2.5 投标文件第二信封(报价文件)开标过程中,如投标报价超出招标人公布的最高投标限价,该投标报价不参与评标基准价的计算,评标委员会将否决其投标。

5.2.6 若招标人宣读的内容与投标文件不符时,投标人有权在开标现场提出异议,监标人当场核查确认。若投标人现场未提出异议,则认为投标人已确认招标人宣读的内容。

6. 评标

6.1 评标委员会

6.1.1 评标由招标人依法组建的评标委员会负责。评标委员会由招标人或其委托的招标代理机构熟悉相关业务的代表,以及有关技术、经济等方面的专家组成。评标委员会成员人数以及技术、经济等方面专家的确定方式见投标人须知前附表。

6.1.2 评标委员会成员有下列情形之一的,应当回避:

(1)招标人或投标人的主要负责人的近亲属。

(2)项目主管部门或者行政监督部门的人员。

(3)与投标人有经济利益关系,可能影响对投标公正评审的。

(4)曾因在招标、评标以及其他与招标投标有关活动中从事违法行为而受过行政处罚或刑事处罚的。

6.2 评标原则

评标活动应遵循公平、公正、科学和择优的原则。

6.3 评标

评标委员会按照第三章“评标办法”规定的方法、评审因素、标准和程序对投标文件进行评审。第三章“评标办法”没有规定的方法、评审因素和标准,不作为评标依据。

6.4 中标候选人公示

招标人将在发布资格预审公告或招标公告的网站公示各标段中标候选人,接受社会监督。

7. 合同授予

7.1 定标方式

除投标人须知前附表规定评标委员会直接确定中标人外,招标人依据评标委员会推荐的中标候选人确定中标人,评标委员会推荐中标候选人的人数见投标人须知前附表。

7.2 中标通知

在本章第 3.3 款规定的投标有效期内,招标人以书面形式向中标人发出中标通知书,同时将中标结果通知所有未中标的投标人。

7.3 履约担保

7.3.1 在签订合同前,中标人应按投标人须知前附表规定的金额、担保形式和招标文件第四章"合同条款及格式"规定的履约担保格式向招标人提交履约担保。

采用银行保函时,出具银行保函的银行级别在投标人须知前附表中说明,所需的费用由中标人承担,中标人应保证银行保函有效。

7.3.2 中标人不能按本章第 7.3.1 项要求提交履约担保的,视为放弃中标,其投标保证金不予退还,给招标人造成的损失超过投标保证金数额的,中标人还应当对超过部分予以赔偿。

7.4 签订合同

7.4.1 招标人和中标人应当自中标通知书发出之日起 30 天内,根据招标文件和中标人的投标文件订立书面合同。中标人无正当理由拒签合同的,招标人取消其中标资格,其投标保证金不予退还;给招标人造成的损失超过投标保证金数额的,中标人还应当对超过部分予以赔偿。

7.4.2 发出中标通知书后,招标人无正当理由拒签合同的,招标人向中标人退还投标保证金;给中标人造成损失的,还应当赔偿损失。

7.4.3 合同协议书经双方法定代表人或其授权的代理人签署并加盖单位章后生效。发包人和中标人在签订合同协议书的同时需按照本招标文件规定的格式和要求签订廉政合同及安全生产合同,明确双方在廉政建设及安全生产方面的权利和义务以及应承担的违约责任。

7.4.4 如果根据本章投标人须知前附表第 10.2 款或本章第 3.5.7 项、第 7.3.2 项、第 7.4.1 项的规定,招标人取消了中标人的中标资格,在此情况下,招标人可将合同授予下一个中标候选人,或者按规定重新组织招标。

8. 重新招标和不再招标

8.1 重新招标

见投标人须知前附表。

8.2 不再招标

重新招标后每标段投标人仍少于 3 个或者所有投标被否决的,属于必须审批或核准的工程建设项目，经原审批或核准部门批准后不再进行招标。

9. 纪律和监督

9.1 对招标人的纪律要求

招标人不得泄露招标投标活动中应当保密的情况和资料，不得与投标人串通损害国家利益、社会公共利益或者他人合法权益。

9.2 对投标人的纪律要求

投标人不得相互串通投标或者与招标人串通投标，不得向招标人或者评标委员会成员行贿谋取中标，不得以他人名义投标或者以其他方式弄虚作假骗取中标；投标人不得以任何方式干扰、影响评标工作。

9.3 对评标委员会成员的纪律要求

评标委员会成员不得收受他人的财物或者其他好处，不得向他人透露对投标文件的评审和比较、中标候选人的推荐情况以及评标有关的其他情况。在评标活动中，评标委员会成员不得擅离职守，影响评标程序正常进行，不得使用第三章"评标办法"没有规定的评审因素和标准进行评标。

9.4 对与评标活动有关的工作人员的纪律要求

与评标活动有关的工作人员不得收受他人的财物或者其他好处，不得向他人透露对投标文件的评审和比较、中标候选人的推荐情况以及评标有关的其他情况。在评标活动中，与评标活动有关的工作人员不得擅离职守，影响评标程序正常进行。

9.5 投诉

投标人和其他利害关系人认为本次招标活动违反法律、法规和规章规定的，有权向有关行政监督部门投诉。

监督部门的联系方式见投标人须知前附表。

10. 需要补充的其他内容

自购买招标文件之日起，投标人应随时关注江西省公共资源交易系统（填写具体网址）的招标信息更新，以保证能及时下载招标文件的澄清或修改等信息。特别需要说明的是，招标人的各项通知、文件均通过网络发布，即默认为已送达投标人，若因投标人未及时上网查收等原因导致的不利后果由投标人自行承担。

需要补充的其他内容：见投标人须知前附表。

附表一　开标记录表[第一信封(商务及技术文件)]

____________(项目名称)______类别开标记录表

第一信封(商务及技术文件)

开标时间:______年____月____日____时____分

序号	投标人名称	投标保证金递交份数	解密情况	备注	签名

招标人:________　　监标人:________　　公证员:________

附表二　开标记录表[第二信封(报价文件)]

____________(项目名称)______标段开标记录表
第二信封(报价文件)

开标时间:______年____月____日____时____分

序号	投标人名称	投标报价(元)	是否超过最高投标限价	解密情况	备注	签名
最高投标限价(元)						

招标人:________　　监标人:________　　公证员:________

附表三　问题澄清通知

问题澄清通知

编号:

____________(投标人名称):

____________(项目名称)施工招标的评标委员会,对你方的投标文件进行了仔细的审查,现需你方对下列问题以书面形式予以澄清:

1.

2.

……

请将上述问题的澄清于______年____月____日____时前递交至______________(详细地址)或传真至____________(传真号码)。采用传真方式的,应在______年____月____日____时前将原件递交至______________(详细地址)。

(项目名称)施工招标评标委员会

______年____月____日

附表四　问题的澄清

问题的澄清

编号：

____________（项目名称）施工招标评标委员会：

问题澄清通知（编号：________）已收悉，现澄清如下：

1.

2.

……

投标人：________________________（盖单位章）

法定代表人：________________________（签字）

______年____月____日

附表五　中标通知书

中标通知书

____________(中标人名称):

你方于____________(投标日期)所递交的____________(项目名称)______标段施工投标文件已被我方接受,被确定为中标人。

中标价:________________元。

工期:______日历天。

工程质量:符合______________标准。

项目经理:____________(姓名)。

项目总工:____________(姓名)。

请你方在接到本通知书后的____日内到__________________(指定地点)与我方签订施工承包合同,在此之前按招标文件第二章“投标人须知”第 7.3 款规定向我方提交履约担保。

特此通知。

招标人:______________________(盖单位章)

招标代理:____________________(盖单位章)

______年____月____日

附表六　中标结果通知书

中标结果通知书

我方已接受___________（中标人名称）于___________（投标日期）所递交的___________（项目名称）___________标段施工投标文件，确定___________（中标人名称）为中标人。

感谢你单位对我们工作的大力支持！

招标人：____________________（盖单位章）

招标代理：__________________（盖单位章）

_____年____月____日

第三章　评标办法(合理低价法)

第三章　评标办法(合理低价法)

评标办法前附表

<table>
<tr><th>条款号</th><th>条款名称</th><th colspan="3">编 列 内 容</th></tr>
<tr><td>1</td><td>评标办法</td><td colspan="3">本次评标采用合理低价法。
单个投标人最多可通过第一信封(商务及技术文件)评审的类别应符合第一章第3.3款规定,同时应满足各类别最多可通过第一信封(商务及技术文件)评审的资格数量不超过其相应类别已递交的投标保证金份数。
评标委员会根据第二信封(报价文件)开标现场随机确定的评标基准价计算方法和相应参数确定评标基准价(投标报价超过最高投标限价的,不参与评标基准价的计算),对第二次开标有效的投标文件第二信封(报价文件),按照本章第2.2款规定的标准进行评分,并按投标人得分由高到低的顺序进行排名推荐3家中标候选人,或根据招标人授权直接确定中标人,但投标报价低于其成本的除外。当得分相同时,以投标报价低者优先;再相同时,依次以信用等级高者、注册资金高者、注册时间前者优先。
根据第一章第3.3款规定的投标人最多可中标标段数量,若某个投标人排名第一的中标候选标段数量超出或满足最多可中标标段数量时,评标委员会按照以下步骤确定各标段推荐的中标候选人,或根据招标人授权直接确定中标人:
(1)依据投标人投标函中承诺的优先选择次序确定其排名第一的中标候选标段,当投标人第一中标候选标段数量满足最多可中标标段数量时,则该投标人放弃其他标段的中标资格(即在其他标段中该投标人不再参与排名)。
(2)在确定了上述排名第一的投标人的中标候选标段后,所有放弃中标资格的标段排名由相应标段的投标人依次递补。
(3)重复上述(1)、(2)步骤,直至确定所有标段推荐的中标候选人</td></tr>
<tr><th>条款号</th><th>条款名称</th><th colspan="2">评 审 因 素</th><th>评 审 标 准</th></tr>
<tr><td rowspan="6">2.1.1</td><td rowspan="6">第一信封(商务及技术文件)</td><td rowspan="6">形式评审、资格评审及响应性评审</td><td>文件签字盖章</td><td>符合第二章“投标人须知”第3.7.3项规定</td></tr>
<tr><td>文件填写及组成</td><td>组成齐全,没有缺项或缺页,内容均按招标文件规定填写</td></tr>
<tr><td>投标保证金</td><td>符合第二章“投标人须知”第3.4.1项规定</td></tr>
<tr><td>优先选择次序</td><td>投多个类别的投标人各类别投标文件填写的优先选择次序内容一致,类别和标段名称符合招标文件规定</td></tr>
<tr><td>投标函填写</td><td>按招标文件规定填报了正确的招标人名称、项目名称、类别名称和补遗书编号</td></tr>
<tr><td>营业执照、资质证书</td><td>具备有效的营业执照和资质证书(适用于绿化工程)</td></tr>
</table>

续上表

条款号	条款名称	评审因素		评审标准
2.1.1	第一信封(商务及技术文件)	形式评审、资格评审及响应性评审	营业执照、资质证书和安全生产许可证	具备有效的营业执照、资质证书和安全生产许可证(适用于交通安全设施工程)
			资质等级	符合第二章“投标人须知”第1.4.1项规定
			财务能力	符合第二章“投标人须知”第1.4.1项规定
			类似项目业绩	符合第二章“投标人须知”第1.4.1项规定
			信誉	符合第二章“投标人须知”第1.4.1项规定
			项目经理和项目总工	符合第二章“投标人须知”第1.4.1项规定
			其他要求	符合第二章“投标人须知”第1.4.1项规定
			工期目标	符合第二章“投标人须知”第1.3.2项规定
			质量目标	符合第二章“投标人须知”第1.3.3项规定
			投标函附录数据	符合招标文件规定
			项目经理和项目总工人员选择	符合第二章“投标人须知”第3.5.7项规定
			分包	如有分包计划,符合第二章“投标人须知”第10.3款规定
			承诺函	未对招标文件的承诺函文字说明修改或删除
			权利义务符合招标文件规定	(1)投标人应接受招标文件规定的风险划分原则,未提出新的风险划分办法
				(2)投标人未增加发包人的责任范围,或减少投标人义务
				(3)投标人未提出不同的工程验收、计量、支付办法
				(4)投标人对合同纠纷、事故处理办法未提出异议
				(5)投标人在投标活动中无欺诈行为
				(6)投标人未对合同条款有重要保留
			其他	投标文件未附有招标人不能接受的条件
			……	……

续上表

条款号	条款名称	评审因素		评审标准
2.1.2	第二信封(报价文件)	初步评审	文件签字盖章	符合第二章“投标人须知”第3.7.3项规定
			文件填写及组成	组成齐全,没有缺项或缺页,内容均按招标文件规定填写
			报价函填写	按招标文件规定填报了正确的招标人名称、项目名称、标段名称
			工程量清单文字说明	未对工程量清单文字说明修改或删除
			已标价工程量清单	未对工程量固化清单电子文件中的数据、格式和运算定义进行修改
			价格指数和权重表(如有)	填写符合招标文件规定
			投标报价	未超过招标人公布的最高投标限价
			……	……

条款号	条款名称	编列内容
2.2.1	分值构成(总分100分)	评标价:__100__分 其他因素分值均为__0__分
2.2.2	评标基准价计算方法	本次招标设定的评标基准价计算方法,在第二信封(报价文件)开标现场,每个标段随机抽取其中的一种作为该标段评标基准价的计算方法。 评标价 E = 投标报价函文字报价。 当采用方法一、二、三时,评标基准价计算时去掉 n_1 个最高评标价和 n_2 个最低评标价。 ①当 $N<6$ 时,n_1、n_2 均取0; ②当 $N \geqslant 6$ 时,去掉 n_1 个最高评标价,去掉 n_2 个最低评标价; n_1 在取值区间 $1 \sim M-1$ 中随机抽取(最小为1),n_2 在取值区间 $1 \sim M+1$ 中随机抽取;$M=N/4$,M 向下取整。 N 为某标段第二信封(报价文件)现场开标有效的投标人数量,超过最高投标限价的投标人不参与计算。 根据上述规则去除 n_1 个最高值和 n_2 个最低值后,其余评标价参与评标基准价的计算,评标基准价保留两位小数,小数点后第三位“四舍五入”。 方法一:二次平均法 对参与评标基准价计算的所有评标价进行第一次平均,对所有小于或等于第一次平均值的评标价(不包括去掉的 n_2 个最低评标价)进行第二次平均,第二次平均值即为评标基准价 P。 方法二:随机系数法 评标基准价 $$P=(E_{max}-E_{min})\times K+E_{min}$$ 式中:E_{max}——去掉 n_1 个最高评标价后的最大值;

续上表

条款号	条款名称	编 列 内 容
2.2.2	评标基准价计算方法	E_{min}——去掉 n_2 个最低评标价后的最小值; K——基准价系数,由在第二信封(报价文件)开标现场随机抽取的 X、Y 两个系数构成,$K=(X+Y/10)/10$,其中 X、Y 各设 10 个系数,分别为 0、1、2、3、4、5、6、7、8、9。 方法三:随机权重法 评标基准价 $$P=A\times K+B\times(1-K)$$ 式中:A——去掉 n_1 个最高评标价后的最大值; B——参与评标基准价计算的所有评标价的平均值; K——权重系数,由在第二信封(报价文件)开标现场随机抽取的 X、Y 两个系数构成,$K=(X+Y/10)/10$,其中 X 有 4 个系数,分别为 3、4、5、6;Y 有 10 个系数分别为 0、1、2、3、4、5、6、7、8、9。 方法四:随机低价法(适用于 $N\geqslant5$) 评标基准价 P = 去掉 m 个最低评标价的最低价 式中:m——在第二信封(报价文件)开标现场随机抽取,取值范围为 $n_3\sim n_4$,步距为 1。 $n_3=N\times0.2$,$n_4=N\times0.7$,n_3、n_4 向下取整。 评标基准价在整个评审期间保持不变,不随通过第二信封(报价文件)评审的投标人数量发生变化
2.2.3	投标报价的偏差率计算公式	偏差率 $=\dfrac{\text{投标人投标报价}-\text{评标基准价}}{\text{评标基准价}}\times100\%$,偏差率保留小数点后九位,小数点后第十位“四舍五入”
2.2.4 (1)	施工组织设计评分标准	0 分
2.2.4 (2)	项目管理机构评分标准	0 分
2.2.4 (3)	投标报价 (100 分)	投标人投标报价得分的计算: ①如果投标人的投标报价 > 评标基准价,则投标报价得分 = 100 − 偏差率 × 100 × E_1; ②如果投标人的投标报价 ≤ 评标基准价,则投标报价得分 = 100 + 偏差率 × 100 × E_2。 本项目 E_1 = ______;E_2 = ______。 其中:E_1 是投标报价每高于评标基准价一个百分点的扣分值;E_2 是投标报价每低于评标基准价一个百分点的扣分值。招标人可依据招标项目具体特点和实际需要设置 E_1、E_2,但 E_1 应大于 E_2。所有评分分值计算保留小数点后九位,小数点后第十位“四舍五入”

续上表

条款号	条款名称	编 列 内 容
2.2.4(4)	其他因素	0分
3.1	第一信封(商务及技术文件)初步评审	评标委员会可以要求投标人提交第二章“投标人须知”第3.5.1项至第3.5.5项规定的有关证明和证件的原件,以便核验。评标委员会依据本章第2.1.1项规定的标准对投标文件第一信封(商务及技术文件)进行评审。有一项不符合评审标准的,由评标委员会否决其投标。 被否决投标的投标文件第一信封(商务及技术文件)不进入下一步的第一信封(商务及技术文件)详细评审。 评标委员会根据第一信封(商务及技术文件)初步评审结果确定通过和不通过第一信封(商务及技术文件)初步评审的投标人名单。 投标人有以下情形之一的,由评标委员会否决其投标: (1)第二章“投标人须知”第1.4.3项规定的任何一种情形的。 (2)串通投标或弄虚作假或有其他违法行为的。 (3)不按评标委员会要求澄清、说明或补正的
3.2	第一信封(商务及技术文件)详细评审	无
3.3	第二信封(报价文件)初步评审	评标委员会依据本章第2.1.2项规定的标准对通过第一信封(商务及技术文件)评审、经第二信封(报价文件)开标现场确认有效的投标文件第二信封(报价文件)进行评审。有一项不符合评审标准的,由评标委员会否决其投标。 被否决投标的投标文件第二信封(报价文件)不进入下一步的第二信封(报价文件)详细评审。 评标委员会根据第二信封(报价文件)初步评审结果确定通过和不通过第二信封(报价文件)初步评审的投标人名单
3.4	第二信封(报价文件)详细评审	3.4.1　评标委员会依据本章第2.2款规定的量化因素和分值标准,对通过第二信封(报价文件)初步评审的投标文件第二信封(报价文件)进行详细评审,并计算出投标人得分。 (1)按本章第2.2.4(1)目规定的评审因素和分值对施工组织设计计算出得分S_1; (2)按本章第2.2.4(2)目规定的评审因素和分值对项目管理机构计算出得分S_2; (3)按本章第2.2.4(3)目规定的评审因素和分值对投标报价计算出得分S_3; (4)按本章第2.2.4(4)目规定的评审因素和分值对其他部分计算出得分S_4。 (5)投标人得分$S=S_1+S_2+S_3+S_4$。 3.4.2　评标委员会发现投标人的报价明显低于其他投标报价,使得其投标报价可能低于其个别成本的,应当要求该投标人作出书面说明并提供相应的证明材料。投标人不能合理说明或者不能提供相应证明材料的,由评标委员会认定该投标人以低于成本报价竞标并否决其投标

续上表

条款号	条款名称	编 列 内 容
3.5	投标文件的澄清和补正	3.5.1 在评标过程中,评标委员会可以书面形式要求投标人对所提交投标文件中不明确的内容进行书面澄清或说明,或者对细微偏差进行补正。评标委员会不接受投标人主动提出的澄清、说明或补正。 3.5.2 澄清、说明和补正不得改变投标文件的实质性内容。投标人的书面澄清、说明和补正属于投标文件的组成部分。 3.5.3 评标委员会对投标人提交的澄清、说明或补正有疑问的,可以要求投标人进一步澄清、说明或补正,直至满足评标委员会的要求。 3.5.4 凡超出招标文件规定的或给发包人带来未曾要求的利益的变化、偏差或其他因素在评标时不予考虑
3.6	评标结果	3.6.1 除第二章“投标人须知”前附表授权直接确定中标人外,评标委员会依据本章第 1 条规定的标准,按照投标人得分由高到低的顺序推荐中标候选人。 3.6.2 评标委员会完成评标后向招标人提交书面评标报告

1. 评标办法

评标办法:见评标办法前附表。

2. 评审标准

2.1　初步评审标准

2.1.1　商务及技术文件初步评审标准:见评标办法前附表。

2.1.2　报价文件初步评审标准:见评标办法前附表。

2.2　分值构成与评分标准

2.2.1　分值构成

(1)施工组织设计:见评标办法前附表。

(2)项目管理机构:见评标办法前附表。

(3)投标报价:见评标办法前附表。

(4)其他评分因素:见评标办法前附表。

2.2.2　评标基准价计算

评标基准价计算方法:见评标办法前附表。

2.2.3　投标报价的偏差率计算

投标报价的偏差率计算公式:见评标办法前附表。

2.2.4　评分标准

(1)施工组织设计评分标准:见评标办法前附表。

(2)项目管理机构评分标准:见评标办法前附表。

(3)投标报价评分标准:见评标办法前附表。

(4)其他因素评分标准:见评标办法前附表。

3. 评标程序

3.1　第一信封(商务及技术文件)初步评审

见评标办法前附表。

3.2　第一信封(商务及技术文件)详细评审

见评标办法前附表。

3.3　第二信封(报价文件)初步评审

见评标办法前附表。

3.4 第二信封(报价文件)详细评审

见评标办法前附表。

3.5 投标文件澄清和补正

见评标办法前附表。

3.6 评标结果

见评标办法前附表。

第四章　合同条款及格式

第四章　合同条款及格式

第一节　通用合同条款

1. 一般约定

1.1　词语定义

通用合同条款、专用合同条款中的下列词语应具有本款所赋予的含义。

1.1.1　合同

1.1.1.1　合同文件(或称合同):指合同协议书、中标通知书、投标函及投标函附录、专用合同条款、通用合同条款、技术标准和要求、图纸、已标价工程量清单,以及其他合同文件。

1.1.1.2　合同协议书:指第1.5款所指的合同协议书。

1.1.1.3　中标通知书:指发包人通知承包人中标的函件。

1.1.1.4　投标函:指构成合同文件组成部分的由承包人填写并签署的投标函。

1.1.1.5　投标函附录:指附在投标函后构成合同文件的投标函附录。

1.1.1.6　技术标准和要求:指构成合同文件组成部分的名为技术标准和要求的文件,包括合同双方当事人约定对其所作的修改或补充。

1.1.1.7　图纸:指包含在合同中的工程图纸,以及由发包人按合同约定提供的任何补充和修改的图纸,包括配套的说明。

1.1.1.8　已标价工程量清单:指构成合同文件组成部分的由承包人按照规定的格式和要求填写并标明价格的工程量清单。

1.1.1.9　其他合同文件:指经合同双方当事人确认构成合同文件的其他文件。

1.1.2　合同当事人和人员

1.1.2.1　合同当事人:指发包人和(或)承包人。

1.1.2.2　发包人:指专用合同条款中指明并与承包人在合同协议书中签字的当事人。

1.1.2.3　承包人:指与发包人签订合同协议书的当事人。

1.1.2.4　承包人项目经理:指承包人派驻施工场地的全权负责人。

1.1.2.5　分包人:指从承包人处分包合同中某一部分工程,并与其签订分包合同的分包人。

1.1.2.6　监理人:指在专用合同条款中指明的,受发包人委托对合同履行实施管理的法人或其他组织。

1.1.2.7 总监理工程师(总监):指由监理人委派常驻施工场地对合同履行实施管理的全权负责人。

1.1.3 工程和设备

1.1.3.1 工程:指永久工程和(或)临时工程。

1.1.3.2 永久工程:指按合同约定建造并移交给发包人的工程,包括工程设备。

1.1.3.3 临时工程:指为完成合同约定的永久工程所修建的各类临时性工程,不包括施工设备。

1.1.3.4 单位工程:指专用合同条款中指明特定范围的永久工程。

1.1.3.5 工程设备:指构成或计划构成永久工程一部分的机电设备、金属结构设备、仪器装置及其他类似的设备和装置。

1.1.3.6 施工设备:指为完成合同约定的各项工作所需的设备、器具和其他物品,不包括临时工程和材料。

1.1.3.7 临时设施:指为完成合同约定的各项工作所服务的临时性生产和生活设施。

1.1.3.8 承包人设备:指承包人自带的施工设备。

1.1.3.9 施工场地(或称工地、现场):指用于合同工程施工的场所,以及在合同中指定作为施工场地组成部分的其他场所,包括永久占地和临时占地。

1.1.3.10 永久占地:指专用合同条款中指明为实施合同工程需永久占用的土地。

1.1.3.11 临时占地:指专用合同条款中指明为实施合同工程需临时占用的土地。

1.1.4 日期

1.1.4.1 开工通知:指监理人按第 11.1 款通知承包人开工的函件。

1.1.4.2 开工日期:指监理人按第 11.1 款发出的开工通知中写明的开工日期。

1.1.4.3 工期:指承包人在投标函中承诺的完成合同工程所需的期限,包括按第 11.3 款、第 11.4 款和第 11.6 款约定所作的变更。

1.1.4.4 竣工日期:指第 1.1.4.3 目约定工期届满时的日期。实际竣工日期以工程接收证书中写明的日期为准。

1.1.4.5 缺陷责任期:指履行第 19.2 款约定的缺陷责任的期限,具体期限由专用合同条款约定,包括根据第 19.3 款约定所作的延长。

1.1.4.6 基准日期:指投标截止时间前 28 天的日期。

1.1.4.7 天:除特别指明外,指日历天。合同中按天计算时间的,开始当天不计入,从次日开始计算。期限最后一天的截止时间为当天 24:00。

1.1.5 合同价格和费用

1.1.5.1 签约合同价:指签订合同时合同协议书中写明的,包括暂列金额、暂估价的合同总金额。

1.1.5.2 合同价格:指承包人按合同约定完成了包括缺陷责任期内的全部承包工作后,发包人应付给承包人的金额,包括在履行合同过程中按合同约定进行的变更和调整。

1.1.5.3 费用:指为履行合同所发生的或将要发生的所有合理开支,包括管理费和应分摊的其他费用,但不包括利润。

1.1.5.4 暂列金额:指已标价工程量清单中所列的暂列金额,用于在签订协议书时尚未确定或不可预见变更的施工及其所需材料、工程设备、服务等的金额,包括以计日工方式支付的金额。

1.1.5.5 暂估价:指发包人在工程量清单中给定的用于支付必然发生但暂时不能确定价格的材料、设备以及专业工程的金额。

1.1.5.6 计日工:指对零星工作采取的一种计价方式,按合同中的计日工子目及其单价计价付款。

1.1.5.7 质量保证金(或称保留金):指按第 17.4.1 项约定用于保证在缺陷责任期内履行缺陷修复义务的金额。

1.1.6 其他

书面形式:指合同文件、信函、电报、传真等可以有形地表现所载内容的形式。

1.2 语言文字

除专用术语外,合同使用的语言文字为中文。必要时专用术语应附有中文注释。

1.3 法律

适用于合同的法律包括中华人民共和国法律、行政法规、部门规章,以及工程所在地的地方法规、自治条例、单行条例和地方政府规章。

1.4 合同文件的优先顺序

组成合同的各项文件应互相解释,互为说明。除专用合同条款另有约定外,解释合同文件的优先顺序如下:

(1)合同协议书。

(2)中标通知书。

(3)投标函及投标函附录。

(4)专用合同条款。

(5)通用合同条款。

(6)技术标准和要求。

(7)图纸。

(8)已标价工程量清单。

(9)其他合同文件。

1.5 合同协议书

承包人按中标通知书规定的时间与发包人签订合同协议书。除法律另有规定或合同另有约定外,发包人和承包人的法定代表人或其委托代理人在合同协议书上签字并盖单位章后,合同生效。

1.6 图纸和承包人文件

1.6.1 图纸的提供

除专用合同条款另有约定外,图纸应在合理的期限内按照合同约定的数量提供给承包人。由于发包人未按时提供图纸造成工期延误的,按第 11.3 款的约定办理。

1.6.2 承包人提供的文件

按专用合同条款约定由承包人提供的文件,包括部分工程的大样图、加工图等,承包人应按约定的数量和期限报送监理人。监理人应在专用合同条款约定的期限内批复。

1.6.3 图纸的修改

图纸需要修改和补充的,应由监理人取得发包人同意后,在该工程或工程相应部位施工前的合理期限内签发图纸修改图给承包人,具体签发期限在专用合同条款中约定。承包人应按修改后的图纸施工。

1.6.4 图纸的错误

承包人发现发包人提供的图纸存在明显错误或疏忽的,应及时通知监理人。

1.6.5 图纸和承包人文件的保管

监理人和承包人均应在施工场地各保存一套完整的包含第 1.6.1 项、第 1.6.2 项、第 1.6.3 项约定内容的图纸和承包人文件。

1.7 联络

1.7.1 与合同有关的通知、批准、证明、证书、指示、要求、请求、同意、意见、确定和决定等,均应采用书面形式。

1.7.2 第 1.7.1 项中的通知、批准、证明、证书、指示、要求、请求、同意、意见、确定和决定等来往函件,均应在合同约定的期限内送达指定地点和接收人,并办理签收手续。

1.8 转让

除合同另有约定外,未经对方当事人同意,一方当事人不得将合同权利全部或部分转让给第三人,也不得全部或部分转移合同义务。

1.9 严禁贿赂

合同双方当事人不得以贿赂或变相贿赂的方式,谋取不当利益或损害对方权益。因贿赂造成对方损失的,行为人应赔偿损失,并承担相应的法律责任。

1.10 化石、文物

1.10.1 在施工场地发掘的所有文物、古迹以及具有地质研究或考古价值的其他遗迹、化石、钱币或物品属于国家所有。一旦发现上述文物,承包人应采取有效合理的保护措施,防止任何人员移动或损坏上述物品,并立即报告当地文物行政部门,同时通知监理人。发包人、监理人和承包人应按文物行政部门要求采取妥善保护措施,由此导致费用增加和(或)工期延误由发包人承担。

1.10.2　承包人发现文物后不及时报告或隐瞒不报,致使文物丢失或损坏的,应赔偿损失,并承担相应的法律责任。

1.11　专利技术

1.11.1　承包人在使用任何材料、承包人设备、工程设备或采用施工工艺时,因侵犯专利权或其他知识产权所引起的责任,由承包人承担,但由于遵照发包人提供的设计或技术标准和要求引起的除外。

1.11.2　承包人在投标文件中采用专利技术的,专利技术的使用费包含在投标报价内。

1.11.3　承包人的技术秘密和声明需要保密的资料和信息,发包人和监理人不得为合同以外的目的泄露给他人。

1.12　图纸和文件的保密

1.12.1　发包人提供的图纸和文件,未经发包人同意,承包人不得为合同以外的目的泄露给他人或公开发表与引用。

1.12.2　承包人提供的文件,未经承包人同意,发包人和监理人不得为合同以外的目的泄露给他人或公开发表与引用。

2. 发包人义务

2.1　遵守法律

发包人在履行合同过程中应遵守法律,并保证承包人免于承担因发包人违反法律而引起的任何责任。

2.2　发出开工通知

发包人应委托监理人按第11.1款的约定向承包人发出开工通知。

2.3　提供施工场地

发包人应按专用合同条款约定向承包人提供施工场地,以及施工场地内地下管线和地下设施等有关资料,并保证资料的真实、准确、完整。

2.4　协助承包人办理证件和批件

发包人应协助承包人办理法律规定的有关施工证件和批件。

2.5 组织设计交底

发包人应根据合同进度计划,组织设计单位向承包人进行设计交底。

2.6 支付合同价款

发包人应按合同约定向承包人及时支付合同价款。

2.7 组织竣工验收

发包人应按合同约定及时组织竣工验收。

2.8 其他义务

发包人应履行合同约定的其他义务。

3. 监理人

3.1 监理人的职责和权力

3.1.1 监理人受发包人委托,享有合同约定的权力。监理人在行使某项权力前需要经发包人事先批准而通用合同条款没有指明的,应在专用合同条款中指明。

3.1.2 监理人发出的任何指示应视为已得到发包人的批准,但监理人无权免除或变更合同约定的发包人和承包人的权利、义务和责任。

3.1.3 合同约定应由承包人承担的义务和责任,不因监理人对承包人提交文件的审查或批准,对工程、材料和设备的检查和检验,以及为实施监理作出的指示等职务行为而减轻或解除。

3.2 总监理工程师

发包人应在发出开工通知前将总监理工程师的任命通知承包人。总监理工程师更换时,应在调离 14 天前通知承包人。总监理工程师短期离开施工场地的,应委派代表代行其职责,并通知承包人。

3.3 监理人员

3.3.1 总监理工程师可以授权其他监理人员负责执行其指派的一项或多项监理工作。总监理工程师应将被授权监理人员的姓名及其授权范围通知承包人。被授权的监理人员在授权范围内发出的指示视为已得到总监理工程师的同意,与总监理工程师发出的指示具有同等效力。总监理工程师撤销某项授权时,应将撤销授权的决定及时通知承包人。

3.3.2 监理人员对承包人的任何工作、工程或其采用的材料和工程设备未在约定的或合理的期限内提出否定意见的,视为已获批准,但不影响监理人在以后拒绝该项工作、工程、材料或工程设备的权利。

3.3.3　承包人对总监理工程师授权的监理人员发出的指示有疑问的，可向总监理工程师提出书面异议，总监理工程师应在48小时内对该指示予以确认、更改或撤销。

3.3.4　除专用合同条款另有约定外，总监理工程师不应将第3.5款约定应由总监理工程师作出确定的权力授权或委托给其他监理人员。

3.4　监理人的指示

3.4.1　监理人应按第3.1款的约定向承包人发出指示，监理人的指示应盖有监理人授权的施工场地机构章，并由总监理工程师或总监理工程师按第3.3.1项约定授权的监理人员签字。

3.4.2　承包人收到监理人按第3.4.1项作出的指示后应遵照执行。指示构成变更的，应按第15条处理。

3.4.3　在紧急情况下，总监理工程师或被授权的监理人员可以当场签发临时书面指示，承包人应遵照执行。承包人应在收到上述临时书面指示后24小时内，向监理人发出书面确认函。监理人在收到书面确认函后24小时内未予答复的，该书面确认函应被视为监理人的正式指示。

3.4.4　除合同另有约定外，承包人只从总监理工程师或按第3.3.1项被授权的监理人员处取得指示。

3.4.5　由于监理人未能按合同约定发出指示、指示延误或指示错误而导致承包人费用增加和(或)工期延误的，由发包人承担赔偿责任。

3.5　商定或确定

3.5.1　合同约定总监理工程师应按照本款对任何事项进行商定或确定时，总监理工程师应与合同当事人协商，尽量达成一致。不能达成一致的，总监理工程师应认真研究后审慎确定。

3.5.2　总监理工程师应将商定或确定的事项通知合同当事人，并附详细依据。对总监理工程师的确定有异议的，构成争议，按照第24条的约定处理。在争议解决前，双方应暂按总监理工程师的确定执行，按照第24条的约定对总监理工程师的确定作出修改的，按修改后的结果执行。

4. 承包人

4.1　承包人的一般义务

4.1.1　遵守法律

承包人在履行合同过程中应遵守法律，并保证发包人免于承担因承包人违反法律而引起的任何责任。

4.1.2 依法纳税

承包人应按有关法律规定纳税,应缴纳的税金包括在合同价格内。

4.1.3 完成各项承包工作

承包人应按合同约定以及监理人根据第3.4款作出的指示,实施、完成全部工程,并修补工程中的任何缺陷。除专用合同条款另有约定外,承包人应提供为完成合同工作所需的劳务、材料、施工设备、工程设备和其他物品,并按合同约定负责临时设施的设计、建造、运行、维护、管理和拆除。

4.1.4 对施工作业和施工方法的完备性负责

承包人应按合同约定的工作内容和施工进度要求,编制施工组织设计和施工措施计划,并对所有施工作业和施工方法的完备性和安全可靠性负责。

4.1.5 保证工程施工和人员的安全

承包人应按第9.2款约定采取施工安全措施,确保工程及其人员、材料、设备和设施的安全,防止因工程施工造成的人身伤害和财产损失。

4.1.6 负责施工场地及其周边环境与生态的保护工作

承包人应按照第9.4款约定负责施工场地及其周边环境与生态的保护工作。

4.1.7 避免施工对公众与他人的利益造成损害

承包人在进行合同约定的各项工作时,不得侵害发包人与他人使用公用道路、水源、市政管网等公共设施的权利,避免对邻近的公共设施产生干扰。承包人占用或使用他人的施工场地,影响他人作业或生活的,应承担相应责任。

4.1.8 为他人提供方便

承包人应按监理人的指示为他人在施工场地或附近实施与工程有关的其他各项工作提供可能的条件。除合同另有约定外,提供有关条件的内容和可能发生的费用,由监理人按第3.5款商定或确定。

4.1.9 工程的维护和照管

工程接收证书颁发前,承包人应负责照管和维护工程。工程接收证书颁发时尚有部分未竣工工程的,承包人还应负责该未竣工工程的照管和维护工作,直至竣工后移交给发包人为止。

4.1.10 其他义务

承包人应履行合同约定的其他义务。

4.2 履约担保

承包人应保证其履约担保在发包人颁发工程接收证书前一直有效。发包人应在工程接收证书颁发后28天内把履约担保退还给承包人。

4.3 分包

4.3.1 承包人不得将其承包的全部工程转包给第三人,或将其承包的全部工程肢解后以分包的名义转包给第三人。

4.3.2 承包人不得将工程主体、关键性工作分包给第三人。除专用合同条款另有约定外,未经发包人同意,承包人不得将工程的其他部分或工作分包给第三人。

4.3.3 分包人的资格能力应与其分包工程的标准和规模相适应。

4.3.4 按投标函附录约定分包工程的,承包人应向发包人和监理人提交分包合同副本。

4.3.5 承包人应与分包人就分包工程向发包人承担连带责任。

4.4 联合体

4.4.1 联合体各方应共同与发包人签订合同协议书。联合体各方应为履行合同承担连带责任。

4.4.2 联合体协议经发包人确认后作为合同附件。在履行合同过程中,未经发包人同意,不得修改联合体协议。

4.4.3 联合体牵头人负责与发包人和监理人联系,并接受指示,负责组织联合体各成员全面履行合同。

4.5 承包人项目经理

4.5.1 承包人应按合同约定指派项目经理,并在约定的期限内到职。承包人更换项目经理应事先征得发包人同意,并应在更换 14 天前通知发包人和监理人。承包人项目经理短期离开施工场地,应事先征得监理人同意,并委派代表代行其职责。

4.5.2 承包人项目经理应按合同约定以及监理人按第 3.4 款作出的指示,负责组织合同工程的实施。在情况紧急且无法与监理人取得联系时,可采取保证工程和人员生命财产安全的紧急措施,并在采取措施后 24 小时内向监理人提交书面报告。

4.5.3 承包人为履行合同发出的一切函件均应盖有承包人授权的施工场地管理机构章,并由承包人项目经理或其授权代表签字。

4.5.4 承包人项目经理可以授权其下属人员履行其某项职责,但事先应将这些人员的姓名和授权范围通知监理人。

4.6 承包人人员的管理

4.6.1 承包人应在接到开工通知后 28 天内,向监理人提交承包人在施工场地的管理机构以及人员安排的报告,其内容应包括管理机构的设置、各主要岗位的技术和管理人员名单及其资格,以及各工种技术工人的安排状况。承包人应向监理人提交施工场地人员变动情况的报告。

4.6.2 为完成合同约定的各项工作,承包人应向施工场地派遣或雇佣足够数量的下列人员:

(1)具有相应资格的专业技工和合格的普工。

(2)具有相应施工经验的技术人员。

(3)具有相应岗位资格的各级管理人员。

4.6.3 承包人安排在施工场地的主要管理人员和技术骨干应相对稳定。承包人更换主要管理人员和技术骨干时,应取得监理人的同意。

4.6.4 特殊岗位的工作人员均应持有相应的资格证明,监理人有权随时检查。监理人认为有必要时,可进行现场考核。

4.7 撤换承包人项目经理和其他人员

承包人应对其项目经理和其他人员进行有效管理。监理人要求撤换不能胜任本职工作、行为不端或玩忽职守的承包人项目经理和其他人员的,承包人应予以撤换。

4.8 保障承包人人员的合法权益

4.8.1 承包人应与其雇佣的人员签订劳动合同,并按时发放工资。

4.8.2 承包人应按劳动法的规定安排工作时间,保证其雇佣人员享有休息和休假的权利。因工程施工的特殊需要占用休假日或延长工作时间的,应不超过法律规定的限度,并按法律规定给予补休或付酬。

4.8.3 承包人应为其雇佣人员提供必要的食宿条件,以及符合环境保护和卫生要求的生活环境,在远离城镇的施工场地,还应配备必要的伤病防治和急救的医务人员与医疗设施。

4.8.4 承包人应按国家有关劳动保护的规定,采取有效的防止粉尘、降低噪声、控制有害气体和保障高温、高寒、高空作业安全等劳动保护措施。其雇佣人员在施工中受到伤害的,承包人应立即采取有效措施进行抢救和治疗。

4.8.5 承包人应按有关法律规定和合同约定,为其雇佣人员办理保险。

4.8.6 承包人应负责处理其雇佣人员因工伤亡事故的善后事宜。

4.9 工程价款应专款专用

发包人按合同约定支付给承包人的各项价款应专用于合同工程。

4.10 承包人现场查勘

4.10.1 发包人应将其持有的现场地质勘探资料、水文气象资料提供给承包人,并对其准确性负责。但承包人应对其阅读上述有关资料后所作出的解释和推断负责。

4.10.2 承包人应对施工场地和周围环境进行查勘,并收集有关地质、水文、气象条件、交通条件、风俗习惯以及其他为完成合同工作有关的当地资料。在全部合同工作中,应视为承包人已充分估计了应承担的责任和风险。

4.11 不利物质条件

4.11.1 不利物质条件,除专用合同条款另有约定外,是指承包人在施工场地遇到的不可预见的自然物质条件、非自然的物质障碍和污染物,包括地下和水文条件,但不包括气候条件。

4.11.2　承包人遇到不利物质条件时，应采取适应不利物质条件的合理措施继续施工，并及时通知监理人。监理人应当及时发出指示，指示构成变更的，按第 15 条约定办理。监理人没有发出指示的，承包人因采取合理措施而增加的费用和（或）工期延误，由发包人承担。

5. 材料和工程设备

5.1　承包人提供的材料和工程设备

5.1.1　除专用合同条款另有约定外，承包人提供的材料和工程设备均由承包人负责采购、运输和保管。承包人应对其采购的材料和工程设备负责。

5.1.2　承包人应按专用合同条款的约定，将各项材料和工程设备的供货人及品种、规格、数量和供货时间等报送监理人审批。承包人应向监理人提交其负责提供的材料和工程设备的质量证明文件，并满足合同约定的质量标准。

5.1.3　对承包人提供的材料和工程设备，承包人应会同监理人进行检验和交货验收，查验材料合格证明和产品合格证书，并按合同约定和监理人指示，进行材料的抽样检验和工程设备的检验测试，检验和测试结果应提交监理人，所需费用由承包人承担。

5.2　发包人提供的材料和工程设备

5.2.1　发包人提供的材料和工程设备，应在专用合同条款中写明材料和工程设备的名称、规格、数量、价格、交货方式、交货地点和计划交货日期等。

5.2.2　承包人应根据合同进度计划的安排，向监理人报送要求发包人交货的日期计划。发包人应按照监理人与合同双方当事人商定的交货日期，向承包人提交材料和工程设备。

5.2.3　发包人应在材料和工程设备到货 7 天前通知承包人，承包人应会同监理人在约定的时间内，赴交货地点共同进行验收。除专用合同条款另有约定外，发包人提供的材料和工程设备验收后，由承包人负责接收、运输和保管。

5.2.4　发包人要求向承包人提前交货的，承包人不得拒绝，但发包人应承担承包人由此增加的费用。

5.2.5　承包人要求更改交货日期或地点的，应事先报请监理人批准。由于承包人要求更改交货时间或地点所增加的费用和（或）工期延误由承包人承担。

5.2.6　发包人提供的材料和工程设备的规格、数量或质量不符合合同要求，或由于发包人原因发生交货日期延误及交货地点变更等情况的，发包人应承担由此增加的费用和（或）工期延误，并向承包人支付合理利润。

5.3　材料和工程设备专用于合同工程

5.3.1　运入施工场地的材料、工程设备，包括备品备件、安装专用工器具与随机资料,必须专用于合同工程,未经监理人同意,承包人不得运出施工场地或挪作他用。

5.3.2 随同工程设备运入施工场地的备品备件、专用工器具与随机资料,应由承包人会同监理人按供货人的装箱单清点后共同封存,未经监理人同意不得启用。承包人因合同工作需要使用上述物品时,应向监理人提出申请。

5.4 禁止使用不合格的材料和工程设备

5.4.1 监理人有权拒绝承包人提供的不合格材料或工程设备,并要求承包人立即进行更换。监理人应在更换后再次进行检查和检验,由此增加的费用和(或)工期延误由承包人承担。

5.4.2 监理人发现承包人使用了不合格的材料和工程设备,应即时发出指示要求承包人立即改正,并禁止在工程中继续使用不合格的材料和工程设备。

5.4.3 发包人提供的材料或工程设备不符合合同要求的,承包人有权拒绝,并可要求发包人更换,由此增加的费用和(或)工期延误由发包人承担。

6. 施工设备和临时设施

6.1 承包人提供的施工设备和临时设施

6.1.1 承包人应按合同进度计划的要求,及时配置施工设备和修建临时设施。进入施工场地的承包人设备需经监理人核查后才能投入使用。承包人更换合同约定的承包人设备的,应报监理人批准。

6.1.2 除专用合同条款另有约定外,承包人应自行承担修建临时设施的费用,需要临时占地的,应由发包人办理申请手续并承担相应费用。

6.2 发包人提供的施工设备和临时设施

发包人提供的施工设备或临时设施在专用合同条款中约定。

6.3 要求承包人增加或更换施工设备

承包人使用的施工设备不能满足合同进度计划和(或)质量要求时,监理人有权要求承包人增加或更换施工设备,承包人应及时增加或更换,由此增加的费用和(或)工期延误由承包人承担。

6.4 施工设备和临时设施专用于合同工程

6.4.1 除合同另有约定外,运入施工场地的所有施工设备以及在施工场地建设的临时设施应专用于合同工程。未经监理人同意,不得将上述施工设备和临时设施中的任何部分运出施工场地或挪作他用。

6.4.2 经监理人同意,承包人可根据合同进度计划撤走闲置的施工设备。

7. 交通运输

7.1　道路通行权和场外设施

除专用合同条款另有约定外，发包人应根据合同工程的施工需要，负责办理取得出入施工场地的专用和临时道路的通行权，以及取得为工程建设所需修建场外设施的权利，并承担有关费用。承包人应协助发包人办理上述手续。

7.2　场内施工道路

7.2.1　除专用合同条款另有约定外，承包人应负责修建、维修、养护和管理施工所需的临时道路和交通设施，包括维修、养护和管理发包人提供的道路和交通设施，并承担相应费用。

7.2.2　除专用合同条款另有约定外，承包人修建的临时道路和交通设施应免费提供发包人和监理人使用。

7.3　场外交通

7.3.1　承包人车辆外出行驶所需的场外公共道路的通行费、养路费和税款等由承包人承担。

7.3.2　承包人应遵守有关交通法规，严格按照道路和桥梁的限制荷重安全行驶，并服从交通管理部门的检查和监督。

7.4　超大件和超重件的运输

由承包人负责运输的超大件或超重件，应由承包人负责向交通管理部门办理申请手续，发包人给予协助。运输超大件或超重件所需的道路和桥梁临时加固改造费用和其他有关费用，由承包人承担，但专用合同条款另有约定除外。

7.5　道路和桥梁的损坏责任

因承包人运输造成施工场地内外公共道路和桥梁损坏的，由承包人承担修复损坏的全部费用和可能引起的赔偿。

7.6　水路和航空运输

本条上述各款的内容适用于水路运输和航空运输，其中“道路”一词的含义包括河道、航线、船闸、机场、码头、堤防以及水路或航空运输中其他相似结构物；“车辆”一词的含义包括船舶和飞机等。

8. 测量放线

8.1　施工控制网

8.1.1　发包人应在专用合同条款约定的期限内，通过监理人向承包人提供测量基准点、基准线和水准点及其书面资料。除专用合同条款另有约定外,承包人应根据国家测绘基准、测绘系统和工程测量技术规范,按上述基准点(线)以及合同工程精度要求,测设施工控制网,并在专用合同条款约定的期限内,将施工控制网资料报送监理人审批。

8.1.2　承包人应负责管理施工控制网点。施工控制网点丢失或损坏的,承包人应及时修复。承包人应承担施工控制网点的管理与修复费用,并在工程竣工后将施工控制网点移交发包人。

8.2　施工测量

8.2.1　承包人应负责施工过程中的全部施工测量放线工作,并配置合格的人员、仪器、设备和其他物品。

8.2.2　监理人可以指示承包人进行抽样复测,当复测中发现错误或出现超过合同约定的误差时,承包人应按监理人指示进行修正或补测,并承担相应的复测费用。

8.3　基准资料错误的责任

发包人应对其提供的测量基准点、基准线和水准点及其书面资料的真实性、准确性和完整性负责。发包人提供上述基准资料错误导致承包人测量放线工作的返工或造成工程损失的,发包人应当承担由此增加的费用和(或)工期延误,并向承包人支付合理利润。承包人发现发包人提供的上述基准资料存在明显错误或疏忽的,应及时通知监理人。

8.4　监理人使用施工控制网

监理人需要使用施工控制网的,承包人应提供必要的协助,发包人不再为此支付费用。

9. 施工安全、治安保卫和环境保护

9.1　发包人的施工安全责任

9.1.1　发包人应按合同约定履行安全职责,授权监理人按合同约定的安全工作内容监督、检查承包人安全工作的实施,组织承包人和有关单位进行安全检查。

9.1.2　发包人应对其现场机构雇佣的全部人员的工伤事故承担责任,但由于承包人原因造成发包人人员工伤的,应由承包人承担责任。

9.1.3　发包人应负责赔偿以下各种情况造成的第三者人身伤亡和财产损失:

(1)工程或工程的任何部分对土地的占用所造成的第三者财产损失。

(2)由于发包人原因在施工场地及其毗邻地带造成的第三者人身伤亡和财产损失。

9.2　承包人的施工安全责任

9.2.1　承包人应按合同约定履行安全职责,执行监理人有关安全工作的指示,并在专用合同条款约定的期限内,按合同约定的安全工作内容,编制施工安全措施计划报送监理人审批。

9.2.2　承包人应加强施工作业安全管理,特别应加强易燃、易爆材料、火工器材、有毒与腐蚀性材料和其他危险品的管理,以及对爆破作业和地下工程施工等危险作业的管理。

9.2.3　承包人应严格按照国家安全标准制定施工安全操作规程,配备必要的安全生产和劳动保护设施,加强对承包人人员的安全教育,并发放安全工作手册和劳动保护用具。

9.2.4　承包人应按监理人的指示制定应对灾害的紧急预案,报送监理人审批。承包人还应按预案做好安全检查,配置必要的救助物资和器材,切实保护好有关人员的人身和财产安全。

9.2.5　合同约定的安全作业环境及安全施工措施所需费用应遵守有关规定,并包括在相关工作的合同价格中。因采取合同未约定的安全作业环境及安全施工措施增加的费用,由监理人按第3.5款商定或确定。

9.2.6　承包人应对其履行合同所雇佣的全部人员,包括分包人人员的工伤事故承担责任,但由于发包人原因造成承包人人员工伤事故的,应由发包人承担责任。

9.2.7　由于承包人原因在施工场地内及其毗邻地带造成的第三者人员伤亡和财产损失,由承包人负责赔偿。

9.3　治安保卫

9.3.1　除合同另有约定外,发包人应与当地公安部门协商,在现场建立治安管理机构或联防组织,统一管理施工场地的治安保卫事项,履行合同工程的治安保卫职责。

9.3.2　发包人和承包人除应协助现场治安管理机构或联防组织维护施工场地的社会治安外,还应做好包括生活区在内的各自管辖区的治安保卫工作。

9.3.3　除合同另有约定外,发包人和承包人应在工程开工后,共同编制施工场地治安管理计划,并制订应对突发治安事件的紧急预案。在工程施工过程中,发生暴乱、爆炸等恐怖事件,以及群殴、械斗等群体性突发治安事件的,发包人和承包人应立即向当地政府报告。发包人和承包人应积极协助当地有关部门采取措施平息事态,防止事态扩大,尽量减少财产损失和避免人员伤亡。

9.4　环境保护

9.4.1　承包人在施工过程中,应遵守有关环境保护的法律,履行合同约定的环境保护义务,并对违反法律和合同约定义务所造成的环境破坏、人身伤害和财产损失负责。

9.4.2 承包人应按合同约定的环保工作内容,编制施工环保措施计划,报送监理人审批。

9.4.3 承包人应按照批准的施工环保措施计划有序地堆放和处理施工废弃物,避免对环境造成破坏。因承包人任意堆放或弃置施工废弃物造成妨碍公共交通、影响城镇居民生活、降低河流行洪能力、危及居民安全、破坏周边环境,或者影响其他承包人施工等后果的,承包人应承担责任。

9.4.4 承包人应按合同约定采取有效措施,对施工开挖的边坡及时进行支护,维护排水设施,并进行水土保护,避免因施工造成的地质灾害。

9.4.5 承包人应按国家饮用水管理标准定期对饮用水源进行监测,防止施工活动污染饮用水源。

9.4.6 承包人应按合同约定,加强对噪声、粉尘、废气、废水和废油的控制,努力降低噪声,控制粉尘和废气浓度,做好废水和废油的治理和排放。

9.5 事故处理

工程施工过程中发生事故的,承包人应立即通知监理人,监理人应立即通知发包人。发包人和承包人应立即组织人员和设备进行紧急抢救和抢修,减少人员伤亡和财产损失,防止事故扩大,并保护事故现场。需要移动现场物品时,应作出标记和书面记录,妥善保管有关证据。发包人和承包人应按国家有关规定,及时如实地向有关部门报告事故发生的情况,以及正在采取的紧急措施等。

10. 进度计划

10.1 合同进度计划

承包人应按专用合同条款约定的内容和期限,编制详细的施工进度计划和施工方案说明报送监理人。监理人应在专用合同条款约定的期限内批复或提出修改意见,否则该进度计划视为已得到批准。经监理人批准的施工进度计划称合同进度计划,是控制合同工程进度的依据。承包人还应根据合同进度计划,编制更为详细的分阶段或分项进度计划,报监理人审批。

10.2 合同进度计划的修订

不论何种原因造成工程的实际进度与第10.1款的合同进度计划不符时,承包人可以在专用合同条款约定的期限内向监理人提交修订合同进度计划的申请报告,并附有关措施和相关资料,报监理人审批;监理人也可以直接向承包人作出修订合同进度计划的指示,承包人应按该指示修订合同进度计划,报监理人审批。监理人应在专用合同条款约定的期限内批复。监理人在批复前应获得发包人同意。

11. 开工和竣工

11.1 开工

11.1.1 监理人应在开工日期7天前向承包人发出开工通知。监理人在发出开工通知前应获得发包人同意。工期自监理人发出的开工通知中载明的开工日期起计算。承包人应在开工日期后尽快施工。

11.1.2 承包人应按第10.1款约定的合同进度计划,向监理人提交工程开工报审表,经监理人审批后执行。开工报审表应详细说明按合同进度计划正常施工所需的施工道路、临时设施、材料设备、施工人员等施工组织措施的落实情况以及工程的进度安排。

11.2 竣工

承包人应在第1.1.4.3目约定的期限内完成合同工程。实际竣工日期在接收证书中写明。

11.3 发包人的工期延误

在履行合同过程中,由于发包人的下列原因造成工期延误的,承包人有权要求发包人延长工期和(或)增加费用,并支付合理利润。需要修订合同进度计划的,按照第10.2款的约定办理。

(1)增加合同工作内容。

(2)改变合同中任何一项工作的质量要求或其他特性。

(3)发包人迟延提供材料、工程设备或变更交货地点的。

(4)因发包人原因导致的暂停施工。

(5)提供图纸延误。

(6)未按合同约定及时支付预付款、进度款。

(7)发包人造成工期延误的其他原因。

11.4 异常恶劣的气候条件

由于出现专用合同条款规定的异常恶劣气候的条件导致工期延误的,承包人有权要求发包人延长工期。

11.5 承包人的工期延误

由于承包人原因,未能按合同进度计划完成工作,或监理人认为承包人施工进度不能满足合同工期要求的,承包人应采取措施加快进度,并承担加快进度所增加的费用。由于承包人原因造成工期延误,承包人应支付逾期竣工违约金。逾期竣工违约金的计算方法在专用合同条款中约定。承包人支付逾期竣工违约金,不免除承包人完成工程及修补缺陷的义务。

11.6 工期提前

发包人要求承包人提前竣工,或承包人提出提前竣工的建议能够给发包人带来效益的,应由监理人与承包人共同协商采取加快工程进度的措施和修订合同进度计划。发包人应承担承包人由此增加的费用,并向承包人支付专用合同条款约定的相应奖金。

12. 暂停施工

12.1 承包人暂停施工的责任

因下列暂停施工增加的费用和(或)工期延误由承包人承担:

(1)承包人违约引起的暂停施工。

(2)由于承包人原因为工程合理施工和安全保障所必需的暂停施工。

(3)承包人擅自暂停施工。

(4)承包人其他原因引起的暂停施工。

(5)专用合同条款约定由承包人承担的其他暂停施工。

12.2 发包人暂停施工的责任

由于发包人原因引起的暂停施工造成工期延误的,承包人有权要求发包人延长工期和(或)增加费用,并支付合理利润。

12.3 监理人暂停施工指示

12.3.1 监理人认为有必要时,可向承包人作出暂停施工的指示,承包人应按监理人指示暂停施工。不论由于何种原因引起的暂停施工,暂停施工期间承包人应负责妥善保护工程并提供安全保障。

12.3.2 由于发包人的原因发生暂停施工的紧急情况,且监理人未及时下达暂停施工指示的,承包人可先暂停施工,并及时向监理人提出暂停施工的书面请求。监理人应在接到书面请求后的24小时内予以答复,逾期未答复的,视为同意承包人的暂停施工请求。

12.4 暂停施工后的复工

12.4.1 暂停施工后,监理人应与发包人和承包人协商,采取有效措施积极消除暂停施工的影响。当工程具备复工条件时,监理人应立即向承包人发出复工通知。承包人收到复工通知后,应在监理人指定的期限内复工。

12.4.2 承包人无故拖延和拒绝复工的,由此增加的费用和工期延误由承包人承担;因发包人原因无法按时复工的,承包人有权要求发包人延长工期和(或)增加费用,并支付合理利润。

12.5　暂停施工持续 56 天以上

12.5.1　监理人发出暂停施工指示后 56 天内未向承包人发出复工通知，除了该项停工属于第 12.1 款的情况外，承包人可向监理人提交书面通知，要求监理人在收到书面通知后 28 天内准许已暂停施工的工程或其中一部分工程继续施工。如监理人逾期不予批准，则承包人可以通知监理人，将工程受影响的部分视为按第 15.1(1)项的可取消工作。如暂停施工影响到整个工程，可视为发包人违约，应按第 22.2 款的规定办理。

12.5.2　由于承包人责任引起的暂停施工，如承包人在收到监理人暂停施工指示后 56 天内不认真采取有效的复工措施，造成工期延误，可视为承包人违约，应按第 22.1 款的规定办理。

13. 工程质量

13.1　工程质量要求

13.1.1　工程质量验收按合同约定验收标准执行。

13.1.2　因承包人原因造成工程质量达不到合同约定验收标准的，监理人有权要求承包人返工直至符合合同要求为止，由此造成的费用增加和(或)工期延误由承包人承担。

13.1.3　因发包人原因造成工程质量达不到合同约定验收标准的，发包人应承担由于承包人返工造成的费用增加和(或)工期延误，并支付承包人合理利润。

13.2　承包人的质量管理

13.2.1　承包人应在施工场地设置专门的质量检查机构，配备专职质量检查人员，建立完善的质量检查制度。承包人应在合同约定的期限内，提交工程质量保证措施文件，包括质量检查机构的组织和岗位责任、质检人员的组成、质量检查程序和实施细则等，报送监理人审批。

13.2.2　承包人应加强对施工人员的质量教育和技术培训，定期考核施工人员的劳动技能，严格执行规范和操作规程。

13.3　承包人的质量检查

承包人应按合同约定对材料、工程设备以及工程的所有部位及其施工工艺进行全过程的质量检查和检验，并作详细记录，编制工程质量报表，报送监理人审查。

13.4　监理人的质量检查

监理人有权对工程的所有部位及其施工工艺、材料和工程设备进行检查和检验。承包人应为监理人的检查和检验提供方便，包括监理人到施工场地，或制造、加工地点，或合同约定的其他地方进行察看和查阅施工原始记录。承包人还应按监理人指示，进行施工场地取样试验、工程复核测量和设备性能检测,提供试验样品、提交试验报告和测量成果以及监理人要求进行的其他工作。监理人的检查和检验,不免除承包人按合同约定应负的责任。

13.5 工程隐蔽部位覆盖前的检查

13.5.1 通知监理人检查

经承包人自检确认的工程隐蔽部位具备覆盖条件后,承包人应通知监理人在约定的期限内检查。承包人的通知应附有自检记录和必要的检查资料。监理人应按时到场检查。经监理人检查确认质量符合隐蔽要求,并在检查记录上签字后,承包人才能进行覆盖。监理人检查确认质量不合格的,承包人应在监理人指示的时间内修整返工后,由监理人重新检查。

13.5.2 监理人未到场检查

监理人未按第13.5.1项约定的时间进行检查的,除监理人另有指示外,承包人可自行完成覆盖工作,并作相应记录报送监理人,监理人应签字确认。监理人事后对检查记录有疑问的,可按第13.5.3项的约定重新检查。

13.5.3 监理人重新检查

承包人按第13.5.1项或第13.5.2项覆盖工程隐蔽部位后,监理人对质量有疑问的,可要求承包人对已覆盖的部位进行钻孔探测或揭开重新检验,承包人应遵照执行,并在检验后重新覆盖恢复原状。经检验证明工程质量符合合同要求的,由发包人承担由此增加的费用和(或)工期延误,并支付承包人合理利润;经检验证明工程质量不符合合同要求的,由此增加的费用和(或)工期延误由承包人承担。

13.5.4 承包人私自覆盖

承包人未通知监理人到场检查,私自将工程隐蔽部位覆盖的,监理人有权指示承包人钻孔探测或揭开检查,由此增加的费用和(或)工期延误由承包人承担。

13.6 清除不合格工程

13.6.1 承包人使用不合格材料、工程设备,或采用不适当的施工工艺,或施工不当,造成工程不合格的,监理人可以随时发出指示,要求承包人立即采取措施进行补救,直至达到合同要求的质量标准,由此增加的费用和(或)工期延误由承包人承担。

13.6.2 由于发包人提供的材料或工程设备不合格造成的工程不合格,需要承包人采取措施补救的,发包人应承担由此增加的费用和(或)工期延误,并支付承包人合理利润。

14. 试验和检验

14.1 材料、工程设备和工程的试验和检验

14.1.1 承包人应按合同约定进行材料、工程设备和工程的试验和检验,并为监理

人对上述材料、工程设备和工程的质量检查提供必要的试验资料和原始记录。按合同约定应由监理人与承包人共同进行试验和检验的，由承包人负责提供必要的试验资料和原始记录。

14.1.2　监理人未按合同约定派员参加试验和检验的，除监理人另有指示外，承包人可自行试验和检验，并应立即将试验和检验结果报送监理人，监理人应签字确认。

14.1.3　监理人对承包人的试验和检验结果有疑问的，或为查清承包人试验和检验成果的可靠性要求承包人重新试验和检验的，可按合同约定由监理人与承包人共同进行。重新试验和检验的结果证明该项材料、工程设备或工程的质量不符合合同要求的，由此增加的费用和（或）工期延误由承包人承担；重新试验和检验结果证明该项材料、工程设备和工程符合合同要求，由发包人承担由此增加的费用和（或）工期延误，并支付承包人合理利润。

14.2　现场材料试验

14.2.1　承包人根据合同约定或监理人指示进行的现场材料试验，应由承包人提供试验场所、试验人员、试验设备器材以及其他必要的试验条件。

14.2.2　监理人在必要时可以使用承包人的试验场所、试验设备器材以及其他试验条件，进行以工程质量检查为目的的复核性材料试验，承包人应予以协助。

14.3　现场工艺试验

承包人应按合同约定或监理人指示进行现场工艺试验。对大型的现场工艺试验，监理人认为必要时，应由承包人根据监理人提出的工艺试验要求，编制工艺试验措施计划，报送监理人审批。

15. 变更

15.1　变更的范围和内容

除专用合同条款另有约定外，在履行合同中发生以下情形之一，应按照本条规定进行变更。

（1）取消合同中任何一项工作，但被取消的工作不能转由发包人或其他人实施。

（2）改变合同中任何一项工作的质量或其他特性。

（3）改变合同工程的基线、高程、位置或尺寸。

（4）改变合同中任何一项工作的施工时间或改变已批准的施工工艺或顺序。

（5）为完成工程需要追加的额外工作。

15.2　变更权

在履行合同过程中，经发包人同意，监理人可按第15.3款约定的变更程序向承包人作出变更指示，承包人应遵照执行。没有监理人的变更指示，承包人不得擅自变更。

15.3 变更程序

15.3.1 变更的提出

(1)在合同履行过程中,可能发生第 15.1 款约定情形的,监理人可向承包人发出变更意向书。变更意向书应说明变更的具体内容和发包人对变更的时间要求,并附必要的图纸和相关资料。变更意向书应要求承包人提交包括拟实施变更工作的计划、措施和竣工时间等内容的实施方案。发包人同意承包人根据变更意向书要求提交的变更实施方案的,由监理人按第 15.3.3 项约定发出变更指示。

(2)在合同履行过程中,发生第 15.1 款约定情形的,监理人应按照第 15.3.3 项约定向承包人发出变更指示。

(3)承包人收到监理人按合同约定发出的图纸和文件,经检查认为其中存在第 15.1 款约定情形的,可向监理人提出书面变更建议。变更建议应阐明要求变更的依据,并附必要的图纸和说明。监理人收到承包人书面建议后,应与发包人共同研究,确认存在变更的,应在收到承包人书面建议后的 14 天内作出变更指示。经研究后不同意作为变更的,应由监理人书面答复承包人。

(4)若承包人收到监理人的变更意向书后认为难以实施此项变更,应立即通知监理人,说明原因并附详细依据。监理人与承包人和发包人协商后确定撤销、改变或不改变原变更意向书。

15.3.2 变更估价

(1)除专用合同条款对期限另有约定外,承包人应在收到变更指示或变更意向书后的 14 天内,向监理人提交变更报价书,报价内容应根据第 15.4 款约定的估价原则,详细开列变更工作的价格组成及其依据,并附必要的施工方法说明和有关图纸。

(2)变更工作影响工期的,承包人应提出调整工期的具体细节。监理人认为有必要时,可要求承包人提交要求提前或延长工期的施工进度计划及相应施工措施等详细资料。

(3)除专用合同条款对期限另有约定外,监理人收到承包人变更报价书后的 14 天内,根据第 15.4 款约定的估价原则,按照第 3.5 款商定或确定变更价格。

15.3.3 变更指示

(1)变更指示只能由监理人发出。

(2)变更指示应说明变更的目的、范围、变更内容以及变更的工程量及其进度和技术要求,并附有关图纸和文件。承包人收到变更指示后,应按变更指示进行变更工作。

15.4 变更的估价原则

除专用合同条款另有约定外,因变更引起的价格调整按照本款约定处理。

15.4.1 已标价工程量清单中有适用于变更工作的子目的,采用该子目的单价。

15.4.2 已标价工程量清单中无适用于变更工作的子目,但有类似子目的,可在合理范围内参照类似子目的单价,由监理人按第 3.5 款商定或确定变更工作的单价。

15.4.3 已标价工程量清单中无适用或类似子目的单价,可按照成本加利润的原则,由监理人按第3.5款商定或确定变更工作的单价。

15.5 承包人的合理化建议

15.5.1 在履行合同过程中,承包人对发包人提供的图纸、技术要求以及其他方面提出的合理化建议,均应以书面形式提交监理人。合理化建议书的内容应包括建议工作的详细说明、进度计划和效益以及与其他工作的协调等,并附必要的设计文件。监理人应与发包人协商是否采纳建议。建议被采纳并构成变更的,应按第15.3.3项约定向承包人发出变更指示。

15.5.2 承包人提出的合理化建议降低了合同价格、缩短了工期或者提高了工程经济效益的,发包人可按国家有关规定在专用合同条款中约定给予奖励。

15.6 暂列金额

暂列金额只能按照监理人的指示使用,并对合同价格进行相应调整。

15.7 计日工

15.7.1 发包人认为有必要时,由监理人通知承包人以计日工方式实施变更的零星工作。其价款按列入已标价工程量清单中的计日工计价子目及其单价进行计算。

15.7.2 采用计日工计价的任何一项变更工作,应从暂列金额中支付,承包人应在该项变更的实施过程中,每天提交以下报表和有关凭证报送监理人审批:

(1)工作名称、内容和数量。

(2)投入该工作所有人员的姓名、工种、级别和耗用工时。

(3)投入该工作的材料类别和数量。

(4)投入该工作的施工设备型号、台数和耗用台时。

(5)监理人要求提交的其他资料和凭证。

15.7.3 计日工由承包人汇总后,按第17.3.2项的约定列入进度付款申请单,由监理人复核并经发包人同意后列入进度付款。

15.8 暂估价

15.8.1 发包人在工程量清单中给定暂估价的材料、工程设备和专业工程属于依法必须招标的范围并达到规定的规模标准的,由发包人和承包人以招标的方式选择供应商或分包人。发包人和承包人的权利义务关系在专用合同条款中约定。中标金额与工程量清单中所列的暂估价的金额差以及相应的税金等其他费用列入合同价格。

15.8.2 发包人在工程量清单中给定暂估价的材料和工程设备不属于依法必须招标的范围或未达到规定的规模标准的,应由承包人按第5.1款的约定提供。经监理人确认的材料、工程设备的价格与工程量清单中所列的暂估价的金额差以及相应的税金等其他费用列入合同价格。

15.8.3 发包人在工程量清单中给定暂估价的专业工程不属于依法必须招标的范围或未达到规定的规模标准的,由监理人按照第 15.4 款进行估价,但专用合同条款另有约定的除外。经估价的专业工程与工程量清单中所列的暂估价的金额差以及相应的税金等其他费用列入合同价格。

16. 价格调整

16.1 物价波动引起的价格调整

除专用合同条款另有约定外,因物价波动引起的价格调整按照本款约定处理。

16.1.1 采用价格指数调整价格差额

16.1.1.1 价格调整公式

因人工、材料和设备等价格波动影响合同价格时,根据投标函附录中的价格指数和权重表约定的数据,按以下公式计算差额并调整合同价格。

$$\Delta P = P_0\left[A + \left(B_1 \times \frac{F_{t1}}{F_{01}} + B_2 \times \frac{F_{t2}}{F_{02}} + B_3 \times \frac{F_{t3}}{F_{03}} + \cdots + B_n \times \frac{F_{tn}}{F_{0n}}\right) - 1\right]$$

式中: ΔP——需调整的价格差额;

P_0——第 17.3.3 项、第 17.5.2 项和第 17.6.2 项约定的付款证书中承包人应得到的已完成工程量的金额。此项金额应不包括价格调整、不计质量保证金的扣留和支付、预付款的支付和扣回。第 15 条约定的变更及其他金额已按现行价格计价的,也不计在内;

A——定值权重(即不调部分的权重);

B_1、B_2、B_3、…、B_n——各可调因子的变值权重(即可调部分的权重),为各可调因子在投标函投标总报价中所占的比例;

F_{t1}、F_{t2}、F_{t3}、…、F_{tn}——各可调因子的现行价格指数,指第 17.3.3 项、第 17.5.2 项和第 17.6.2 项约定的付款证书相关周期最后一天的前 42 天的各可调因子的价格指数;

F_{01}、F_{02}、F_{03}、…、F_{0n}——各可调因子的基本价格指数,指基准日期的各可调因子的价格指数。

以上价格调整公式中的各可调因子、定值和变值权重,以及基本价格指数及其来源在投标函附录价格指数和权重表中约定。价格指数应首先采用有关部门提供的价格指数,缺乏上述价格指数时,可采用有关部门提供的价格代替。

16.1.1.2 暂时确定调整差额

在计算调整差额时得不到现行价格指数的,可暂用上一次价格指数计算,并在以后的付款中再按实际价格指数进行调整。

16.1.1.3 权重的调整

按第 15.1 款约定的变更导致原定合同中的权重不合理时，由监理人与承包人和发包人协商后进行调整。

16.1.1.4 承包人工期延误后的价格调整

由于承包人原因未在约定的工期内竣工的，则对原约定竣工日期后继续施工的工程，在使用第 16.1.1.1 目价格调整公式时，应采用原约定竣工日期与实际竣工日期的两个价格指数中较低的一个作为现行价格指数。

16.1.2 采用造价信息调整价格差额

施工期内，因人工、材料、设备和机械台班价格波动影响合同价格时，人工、机械使用费按照国家或省、自治区、直辖市建设行政管理部门、行业建设管理部门或其授权的工程造价管理机构发布的人工成本信息、机械台班单价或机械使用费系数进行调整；需要进行价格调整的材料，其单价和采购数应由监理人复核，监理人确认需调整的材料单价及数量，作为调整工程合同价格差额的依据。

16.2 法律变化引起的价格调整

在基准日后，因法律变化导致承包人在合同履行中所需要的工程费用发生除第 16.1款约定以外的增减时，监理人应根据法律、国家或省、自治区、直辖市有关部门的规定，按第 3.5 款商定或确定需调整的合同价款。

17. 计量与支付

17.1 计量

17.1.1 计量单位

计量采用国家法定的计量单位。

17.1.2 计量方法

工程量清单中的工程量计算规则应按有关国家标准、行业标准的规定，并在合同中约定执行。

17.1.3 计量周期

除专用合同条款另有约定外，单价子目已完成工程量按月计量，总价子目的计量周期按批准的支付分解报告确定。

17.1.4 单价子目的计量

(1)已标价工程量清单中的单价子目工程量为估算工程量。结算工程量是承包人实际完成的，并按合同约定的计量方法进行计量的工程量。

(2)承包人对已完成的工程进行计量，向监理人提交进度付款申请单、已完成工程量报表和有关计量资料。

(3)监理人对承包人提交的工程量报表进行复核，以确定实际完成的工程量。对数量有异议的，可要求承包人按第 8.2 款约定进行共同复核和抽样复测。承包人应协助监理人进行复核并按监理人要求提供补充计量资料。承包人未按监理人要求参加复核,监理人复核或修正的工程量视为承包人实际完成的工程量。

(4)监理人认为有必要时,可通知承包人共同进行联合测量、计量,承包人应遵照执行。

(5)承包人完成工程量清单中每个子目的工程量后,监理人应要求承包人派员共同对每个子目的历次计量报表进行汇总,以核实最终结算工程量。监理人可要求承包人提供补充计量资料,以确定最后一次进度付款的准确工程量。承包人未按监理人要求派员参加的,监理人最终核实的工程量视为承包人完成该子目的准确工程量。

(6)监理人应在收到承包人提交的工程量报表后的7天内进行复核,监理人未在约定时间内复核的,承包人提交的工程量报表中的工程量视为承包人实际完成的工程量,据此计算工程价款。

17.1.5　总价子目的计量

除专用合同条款另有约定外,总价子目的分解和计量按照下述约定进行。

(1)总价子目的计量和支付应以总价为基础,不因第16.1款中的因素而进行调整。承包人实际完成的工程量,是进行工程目标管理和控制进度支付的依据。

(2)承包人在合同约定的每个计量周期内,对已完成的工程进行计量,并向监理人提交进度付款申请单、专用合同条款约定的合同总价支付分解表所表示的阶段性或分项计量的支持性资料,以及所达到工程形象目标或分阶段需完成的工程量和有关计量资料。

(3)监理人对承包人提交的上述资料进行复核,以确定分阶段实际完成的工程量和工程形象目标。对其有异议的,可要求承包人按第8.2款约定进行共同复核和抽样复测。

(4)除按照第15条约定的变更外,总价子目的工程量是承包人用于结算的最终工程量。

17.2　预付款

17.2.1　预付款

预付款用于承包人为合同工程施工购置材料、工程设备、施工设备、修建临时设施以及组织施工队伍进场等。预付款的额度和预付办法在专用合同条款中约定。预付款必须专用于合同工程。

17.2.2　预付款保函

除专用合同条款另有约定外,承包人应在收到预付款的同时向发包人提交预付款保函,预付款保函的担保金额应与预付款金额相同。保函的担保金额可根据预付款扣回的金额相应递减。

17.2.3　预付款的扣回与还清

预付款在进度付款中扣回,扣回办法在专用合同条款中约定。在颁发工程接收证书前,由于不可抗力或其他原因解除合同时,预付款尚未扣清的,尚未扣清的预付款余额应作为承包人的到期应付款。

17.3 工程进度付款

17.3.1 付款周期

付款周期同计量周期。

17.3.2 进度付款申请单

承包人应在每个付款周期末,按监理人批准的格式和专用合同条款约定的份数,向监理人提交进度付款申请单,并附相应的支持性证明文件。除专用合同条款另有约定外,进度付款申请单应包括下列内容:

(1)截至本次付款周期末已实施工程的价款。

(2)根据第15条应增加和扣减的变更金额。

(3)根据第23条应增加和扣减的索赔金额。

(4)根据第17.2款约定应支付的预付款和扣减的返还预付款。

(5)根据第17.4.1项约定应扣减的质量保证金。

(6)根据合同应增加和扣减的其他金额。

17.3.3 进度付款证书和支付时间

(1)监理人在收到承包人进度付款申请单以及相应的支持性证明文件后的14天内完成核查,提出发包人到期应支付给承包人的金额以及相应的支持性材料,经发包人审查同意后,由监理人向承包人出具经发包人签认的进度付款证书。监理人有权扣发承包人未能按照合同要求履行任何工作或义务的相应金额。

(2)发包人应在监理人收到进度付款申请单后的28天内,将进度应付款支付给承包人。发包人不按期支付的,按专用合同条款的约定支付逾期付款违约金。

(3)监理人出具进度付款证书,不应视为监理人已同意、批准或接受了承包人完成的该部分工作。

(4)进度付款涉及政府投资资金的,按照国库集中支付等国家相关规定和专用合同条款的约定办理。

17.3.4 工程进度付款的修正

在对以往历次已签发的进度付款证书进行汇总和复核中发现错、漏或重复的,监理人有权予以修正,承包人也有权提出修正申请。经双方复核同意的修正,应在本次进度付款中支付或扣除。

17.4 质量保证金

17.4.1 监理人应从第一个付款周期开始,在发包人的进度付款中,按专用合同条款的约定扣留质量保证金,直至扣留的质量保证金总额达到专用合同条款约定的金额或比例为止。质量保证金的计算额度不包括预付款的支付、扣回以及价格调整的金额。

17.4.2 在第1.1.4.5目约定的缺陷责任期满时,承包人向发包人申请到期应返还承包人剩余的质量保证金金额,发包人应在14天内会同承包人按照合同约定的内容核实承包人是否完成缺陷责任。如无异议,发包人应当在核实后将剩余保证金返还承包人。

17.4.3 在第1.1.4.5目约定的缺陷责任期满时,承包人没有完成缺陷责任的,发包人有权扣留与未履行责任剩余工作所需金额相应的质量保证金余额,并有权根据第19.3款约定要求延长缺陷责任期,直至完成剩余工作为止。

17.5 竣工结算

17.5.1 竣工付款申请单

(1)工程接收证书颁发后,承包人应按专用合同条款约定的份数和期限向监理人提交竣工付款申请单,并提供相关证明材料。除专用合同条款另有约定外,竣工付款申请单应包括下列内容:竣工结算合同总价、发包人已支付承包人的工程价款、应扣留的质量保证金、应支付的竣工付款金额。

(2)监理人对竣工付款申请单有异议的,有权要求承包人进行修正和提供补充资料。经监理人和承包人协商后,由承包人向监理人提交修正后的竣工付款申请单。

17.5.2 竣工付款证书及支付时间

(1)监理人在收到承包人提交的竣工付款申请单后的14天内完成核查,提出发包人到期应支付给承包人的价款送发包人审核并抄送承包人。发包人应在收到后14天内审核完毕,由监理人向承包人出具经发包人签认的竣工付款证书。监理人未在约定时间内核查,又未提出具体意见的,视为承包人提交的竣工付款申请单已经监理人核查同意;发包人未在约定时间内审核又未提出具体意见的,监理人提出发包人到期应支付给承包人的价款视为已经发包人同意。

(2)发包人应在监理人出具竣工付款证书后的14天内,将应支付款支付给承包人。发包人不按期支付的,按第17.3.3(2)目的约定,将逾期付款违约金支付给承包人。

(3)承包人对发包人签认的竣工付款证书有异议的,发包人可出具竣工付款申请单中承包人已同意部分的临时付款证书。存在争议的部分,按第24条的约定办理。

(4)竣工付款涉及政府投资资金的,按第17.3.3(4)目的约定办理。

17.6 最终结清

17.6.1 最终结清申请单

(1)缺陷责任期终止证书签发后,承包人可按专用合同条款约定的份数和期限向监理人提交最终结清申请单,并提供相关证明材料。

(2)发包人对最终结清申请单内容有异议的,有权要求承包人进行修正和提供补充资料,由承包人向监理人提交修正后的最终结清申请单。

17.6.2 最终结清证书和支付时间

(1)监理人收到承包人提交的最终结清申请单后的14天内,提出发包人应支付给承包人的价款送发包人审核并抄送承包人。发包人应在收到后14天内审核完毕,由监理人向承包人出具经发包人签认的最终结清证书。监理人未在约定时间内核查,又未提出具体意见的,视为承包人提交的最终结清申请已经监理人核查同意;发包人未在约定时间内审核又未提出具体意见的,监理人提出应支付给承包人的价款视为已经发包人同意。

(2)发包人应在监理人出具最终结清证书后的 14 天内,将应支付款支付给承包人。发包人不按期支付的,按第 17.3.3(2)目的约定,将逾期付款违约金支付给承包人。

(3)承包人对发包人签认的最终结清证书有异议的,按第 24 条的约定办理。

(4)最终结清付款涉及政府投资资金的,按第 17.3.3(4)目的约定办理。

18. 竣工验收

18.1 竣工验收的含义

18.1.1 竣工验收指承包人完成了全部合同工作后,发包人按合同要求进行的验收。

18.1.2 国家验收是政府有关部门根据法律、规范、规程和政策要求,针对发包人全面组织实施的整个工程正式交付投运前的验收。

18.1.3 需要进行国家验收的,竣工验收是国家验收的一部分。竣工验收所采用的各项验收和评定标准应符合国家验收标准。发包人和承包人为竣工验收提供的各项竣工验收资料应符合国家验收的要求。

18.2 竣工验收申请报告

当工程具备以下条件时,承包人即可向监理人报送竣工验收申请报告:

(1)除监理人同意列入缺陷责任期内完成的尾工(甩项)工程和缺陷修补工作外,合同范围内的全部单位工程以及有关工作,包括合同要求的试验、试运行以及检验和验收均已完成,并符合合同要求。

(2)已按合同约定的内容和份数备齐了符合要求的竣工资料。

(3)已按监理人的要求编制了在缺陷责任期内完成的尾工(甩项)工程和缺陷修补工作清单以及相应施工计划。

(4)监理人要求在竣工验收前应完成的其他工作。

(5)监理人要求提交的竣工验收资料清单。

18.3 验收

监理人收到承包人按第 18.2 款约定提交的竣工验收申请报告后,应审查申请报告的各项内容,并按以下不同情况进行处理。

18.3.1 监理人审查后认为尚不具备竣工验收条件的,应在收到竣工验收申请报告后的 28 天内通知承包人,指出在颁发接收证书前承包人还需进行的工作内容。承包人完成监理人通知的全部工作内容后,应再次提交竣工验收申请报告,直至监理人同意为止。

18.3.2 监理人审查后认为已具备竣工验收条件的,应在收到竣工验收申请报告后的28 天内提请发包人进行工程验收。

18.3.3 发包人经过验收后同意接受工程的,应在监理人收到竣工验收申请报告后的56 天内,由监理人向承包人出具经发包人签认的工程接收证书。发包人验收后同意接收工程但提出整修和完善要求的,限期修好,并缓发工程接收证书。整修和完善工作完成后,监理人复查达到要求的,经发包人同意后,再向承包人出具工程接收证书。

18.3.4 发包人验收后不同意接收工程的,监理人应按照发包人的验收意见发出指示,要求承包人对不合格工程认真返工重作或进行补救处理,并承担由此产生的费用。承包人在完成不合格工程的返工重作或补救工作后,应重新提交竣工验收申请报告,按第 18.3.1 项、第 18.3.2 项和第 18.3.3 项的约定进行。

18.3.5 除专用合同条款另有约定外,经验收合格工程的实际竣工日期,以提交竣工验收申请报告的日期为准,并在工程接收证书中写明。

18.3.6 发包人在收到承包人竣工验收申请报告 56 天后未进行验收的,视为验收合格,实际竣工日期以提交竣工验收申请报告的日期为准,但发包人由于不可抗力不能进行验收的除外。

18.4 单位工程验收

18.4.1 发包人根据合同进度计划安排,在全部工程竣工前需要使用已经竣工的单位工程时,或承包人提出经发包人同意时,可进行单位工程验收。验收的程序可参照第 18.2 款与第 18.3 款的约定进行。验收合格后,由监理人向承包人出具经发包人签认的单位工程验收证书。已签发单位工程接收证书的单位工程由发包人负责照管。单位工程的验收成果和结论作为全部工程竣工验收申请报告的附件。

18.4.2 发包人在全部工程竣工前,使用已接收的单位工程导致承包人费用增加的,发包人应承担由此增加的费用和(或)工期延误,并支付承包人合理利润。

18.5 施工期运行

18.5.1 施工期运行是指合同工程尚未全部竣工,其中某项或某几项单位工程或工程设备安装已竣工,根据专用合同条款约定,需要投入施工期运行的,经发包人按第 18.4 款的约定验收合格,证明能确保安全后,才能在施工期投入运行。

18.5.2 在施工期运行中发现工程或工程设备损坏或存在缺陷的,由承包人按第 19.2 款约定进行修复。

18.6 试运行

18.6.1 除专用合同条款另有约定外,承包人应按专用合同条款约定进行工程及工程设备试运行,负责提供试运行所需的人员、器材和必要的条件,并承担全部试运行费用。

18.6.2　由于承包人的原因导致试运行失败的，承包人应采取措施保证试运行合格，并承担相应费用。由于发包人的原因导致试运行失败的，承包人应当采取措施保证试运行合格，发包人应承担由此产生的费用，并支付承包人合理利润。

18.7　竣工清场

18.7.1　除合同另有约定外，工程接收证书颁发后，承包人应按以下要求对施工场地进行清理，直至监理人检验合格为止。竣工清场费用由承包人承担。

(1)施工场地内残留的垃圾已全部清除出场。

(2)临时工程已拆除，场地已按合同要求进行清理、平整或复原。

(3)按合同约定应撤离的承包人设备和剩余的材料，包括废弃的施工设备和材料，已按计划撤离施工场地。

(4)工程建筑物周边及其附近道路、河道的施工堆积物，已按监理人指示全部清理。

(5)监理人指示的其他场地清理工作已全部完成。

18.7.2　承包人未按监理人的要求恢复临时占地，或者场地清理未达到合同约定的，发包人有权委托其他人恢复或清理，所发生的金额从拟支付给承包人的款项中扣除。

18.8　施工队伍的撤离

工程接收证书颁发后的56天内，除了经监理人同意需在缺陷责任期内继续工作和使用的人员、施工设备和临时工程外，其余的人员、施工设备和临时工程均应撤离施工场地或拆除。除合同另有约定外，缺陷责任期满时，承包人的人员和施工设备应全部撤离施工场地。

19. 缺陷责任与保修责任

19.1　缺陷责任期的起算时间

缺陷责任期自实际竣工日期起计算。在全部工程竣工验收前，已经发包人提前验收的单位工程，其缺陷责任期的起算日期相应提前。

19.2　缺陷责任

19.2.1　承包人应在缺陷责任期内对已交付使用的工程承担缺陷责任。

19.2.2　缺陷责任期内，发包人对已接收使用的工程负责日常维护工作。发包人在使用过程中，发现已接收的工程存在新的缺陷或已修复的缺陷部位或部件又遭损坏的，承包人应负责修复，直至检验合格为止。

19.2.3　监理人和承包人应共同查清缺陷和(或)损坏的原因。经查明属承包人原因造成的，应由承包人承担修复和查验的费用。经查验属发包人原因造成的，发包人应承担修复和查验的费用,并支付承包人合理利润。

19.2.4 承包人不能在合理时间内修复缺陷的,发包人可自行修复或委托其他人修复,所需费用和利润的承担,按第19.2.3项约定办理。

19.3 缺陷责任期的延长

由于承包人原因造成某项缺陷或损坏使某项工程或工程设备不能按原定目标使用而需要再次检查、检验和修复的,发包人有权要求承包人相应延长缺陷责任期,但缺陷责任期最长不超过2年。

19.4 进一步试验和试运行

任何一项缺陷或损坏修复后,经检查证明其影响了工程或工程设备的使用性能,承包人应重新进行合同约定的试验和试运行,试验和试运行的全部费用应由责任方承担。

19.5 承包人的进入权

缺陷责任期内承包人为缺陷修复工作需要,有权进入工程现场,但应遵守发包人的保安和保密规定。

19.6 缺陷责任期终止证书

在第1.1.4.5目约定的缺陷责任期,包括根据第19.3款延长的期限终止后14天内,由监理人向承包人出具经发包人签认的缺陷责任期终止证书,并退还剩余的质量保证金。

19.7 保修责任

合同当事人根据有关法律规定,在专用合同条款中约定工程质量保修范围、期限和责任。保修期自实际竣工日期起计算。在全部工程竣工验收前,已经发包人提前验收的单位工程,其保修期的起算日期相应提前。

20. 保险

20.1 工程保险

除专用合同条款另有约定外,承包人应以发包人和承包人的共同名义向双方同意的保险人投保建筑工程一切险、安装工程一切险。其具体的投保内容、保险金额、保险费率、保险期限等有关内容在专用合同条款中约定。

20.2 人员工伤事故的保险

20.2.1 承包人员工伤事故的保险

承包人应依照有关法律规定参加工伤保险,为其履行合同所雇佣的全部人员,缴纳工伤保险费,并要求其分包人也进行此项保险。

20.2.2 发包人员工伤事故的保险

发包人应依照有关法律规定参加工伤保险,为其现场机构雇佣的全部人员,缴纳工伤保险费,并要求其监理人也进行此项保险。

20.3 人身意外伤害险

20.3.1 发包人应在整个施工期间为其现场机构雇用的全部人员,投保人身意外伤害险,缴纳保险费,并要求其监理人也进行此项保险。

20.3.2 承包人应在整个施工期间为其现场机构雇用的全部人员,投保人身意外伤害险,缴纳保险费,并要求其分包人也进行此项保险。

20.4 第三者责任险

20.4.1 第三者责任系指在保险期内,对因工程意外事故造成的、依法应由被保险人负责的工地上及毗邻地区的第三者人身伤亡、疾病或财产损失(本工程除外),以及被保险人因此而支付的诉讼费用和事先经保险人书面同意支付的其他费用等赔偿责任。

20.4.2 在缺陷责任期终止证书颁发前,承包人应以承包人和发包人的共同名义,投保第20.4.1项约定的第三者责任险,其保险费率、保险金额等有关内容在专用合同条款中约定。

20.5 其他保险

除专用合同条款另有约定外,承包人应为其施工设备、进场的材料和工程设备等办理保险。

20.6 对各项保险的一般要求

20.6.1 保险凭证

承包人应在专用合同条款约定的期限内向发包人提交各项保险生效的证据和保险单副本,保险单必须与专用合同条款约定的条件保持一致。

20.6.2 保险合同条款的变动

承包人需要变动保险合同条款时,应事先征得发包人同意,并通知监理人。保险人作出变动的,承包人应在收到保险人通知后立即通知发包人和监理人。

20.6.3 持续保险

承包人应与保险人保持联系,使保险人能够随时了解工程实施中的变动,并确保按保险合同条款要求持续保险。

20.6.4 保险金不足的补偿

保险金不足以补偿损失的,应由承包人和(或)发包人按合同约定负责补偿。

20.6.5 未按约定投保的补救

(1)由于负有投保义务的一方当事人未按合同约定办理保险,或未能使保险持续有效的,另一方当事人可代为办理,所需费用由对方当事人承担。

(2)由于负有投保义务的一方当事人未按合同约定办理某项保险,导致受益人未能得到保险人的赔偿,原应从该项保险得到的保险金应由负有投保义务的一方当事人支付。

20.6.6 报告义务

当保险事故发生时,投保人应按照保险单规定的条件和期限及时向保险人报告。

21. 不可抗力

21.1 不可抗力的确认

21.1.1 不可抗力是指承包人和发包人在订立合同时不可预见,在工程施工过程中不可避免发生并不能克服的自然灾害和社会性突发事件,如地震、海啸、瘟疫、水灾、骚乱、暴动、战争和专用合同条款约定的其他情形。

21.1.2 不可抗力发生后,发包人和承包人应及时认真统计所造成的损失,收集不可抗力造成损失的证据。合同双方对是否属于不可抗力或其损失的意见不一致的,由监理人按第3.5款商定或确定。发生争议时,按第24条的约定办理。

21.2 不可抗力的通知

21.2.1 合同一方当事人遇到不可抗力事件,使其履行合同义务受到阻碍时,应立即通知合同另一方当事人和监理人,书面说明不可抗力和受阻碍的详细情况,并提供必要的证明。

21.2.2 如不可抗力持续发生,合同一方当事人应及时向合同另一方当事人和监理人提交中间报告,说明不可抗力和履行合同受阻的情况,并于不可抗力事件结束后28天内提交最终报告及有关资料。

21.3 不可抗力后果及其处理

21.3.1 不可抗力造成损害的责任

除专用合同条款另有约定外,不可抗力导致的人员伤亡、财产损失、费用增加和(或)工期延误等后果,由合同双方按以下原则承担:

(1)永久工程,包括已运至施工场地的材料和工程设备的损害,以及因工程损害造成的第三者人员伤亡和财产损失由发包人承担。

(2)承包人设备的损坏由承包人承担。

(3)发包人和承包人各自承担其人员伤亡和其他财产损失及其相关费用。

(4)承包人的停工损失由承包人承担,但停工期间应监理人要求照管工程和清理、修复工程的金额由发包人承担。

(5)不能按期竣工的,应合理延长工期,承包人不需支付逾期竣工违约金。发包人要求赶工的,承包人应采取赶工措施,赶工费用由发包人承担。

21.3.2　延迟履行期间发生的不可抗力

合同一方当事人延迟履行,在延迟履行期间发生不可抗力的,不免除其责任。

21.3.3　避免和减少不可抗力损失

不可抗力发生后,发包人和承包人均应采取措施尽量避免和减少损失的扩大,任何一方没有采取有效措施导致损失扩大的,应对扩大的损失承担责任。

21.3.4　因不可抗力解除合同

合同一方当事人因不可抗力不能履行合同的,应当及时通知对方解除合同。合同解除后,承包人应按照第22.2.5项约定撤离施工场地。已经订货的材料、设备由订货方负责退货或解除订货合同,不能退还的货款和因退货、解除订货合同发生的费用,由发包人承担,因未及时退货造成的损失由责任方承担。合同解除后的付款,参照第22.2.4项约定,由监理人按第3.5款商定或确定。

22. 违约

22.1　承包人违约

22.1.1　承包人违约的情形

在履行合同过程中发生的下列情况属承包人违约:

(1)承包人违反第1.8款或第4.3款的约定,私自将合同的全部或部分权利转让给其他人,或私自将合同的全部或部分义务转移给其他人。

(2)承包人违反第5.3款或第6.4款的约定,未经监理人批准,私自将已按合同约定进入施工场地的施工设备、临时设施或材料撤离施工场地。

(3)承包人违反第5.4款的约定使用了不合格材料或工程设备,工程质量达不到标准要求,又拒绝清除不合格工程。

(4)承包人未能按合同进度计划及时完成合同约定的工作,已造成或预期造成工期延误。

(5)承包人在缺陷责任期内,未能对工程接收证书所列的缺陷清单的内容或缺陷责任期内发生的缺陷进行修复,而又拒绝按监理人指示再进行修补。

(6)承包人无法继续履行或明确表示不履行或实质上已停止履行合同。

(7)承包人不按合同约定履行义务的其他情况。

22.1.2　对承包人违约的处理

(1)承包人发生第22.1.1(6)目约定的违约情况时,发包人可通知承包人立即解除合同,并按有关法律处理。

(2)承包人发生除第22.1.1(6)目约定以外的其他违约情况时,监理人可向承包人发出整改通知,要求其在指定的期限内改正。承包人应承担其违约所引起的费用增加和(或)工期延误。

(3)经检查证明承包人已采取了有效措施纠正违约行为,具备复工条件的,可由监理人签发复工通知复工。

22.1.3　承包人违约解除合同

监理人发出整改通知28天后,承包人仍不纠正违约行为的,发包人可向承包人发出解除合同通知。合同解除后,发包人可派员进驻施工场地,另行组织人员或委托其他承包人施工。发包人因继续完成该工程的需要,有权扣留使用承包人在现场的材料、设备和临时设施。但发包人的这一行动不免除承包人应承担的违约责任,也不影响发包人根据合同约定享有的索赔权利。

22.1.4　合同解除后的估价、付款和结清

(1)合同解除后,监理人按第3.5款商定或确定承包人实际完成工作的价值,以及承包人已提供的材料、施工设备、工程设备和临时工程等的价值。

(2)合同解除后,发包人应暂停对承包人的一切付款,查清各项付款和已扣款金额,包括承包人应支付的违约金。

(3)合同解除后,发包人应按第23.4款的约定向承包人索赔由于解除合同给发包人造成的损失。

(4)合同双方确认上述往来款项后,出具最终结清付款证书,结清全部合同款项。

(5)发包人和承包人未能就解除合同后的结清达成一致而形成争议的,按第24条的约定办理。

22.1.5　协议利益的转让

因承包人违约解除合同的,发包人有权要求承包人将其为实施合同而签订的材料和设备的订货协议或任何服务协议利益转让给发包人,并在解除合同后的14天内,依法办理转让手续。

22.1.6　紧急情况下无能力或不愿进行抢救

在工程实施期间或缺陷责任期内发生危及工程安全的事件,监理人通知承包人进行抢救,承包人声明无能力或不愿立即执行的,发包人有权雇佣其他人员进行抢救。此类抢救按合同约定属于承包人义务的,由此发生的金额和(或)工期延误由承包人承担。

22.2　发包人违约

22.2.1　发包人违约的情形

在履行合同过程中发生的下列情形,属发包人违约:

(1)发包人未能按合同约定支付预付款或合同价款,或拖延、拒绝批准付款申请和支付凭证,导致付款延误的。

(2)发包人原因造成停工的。

(3)监理人无正当理由没有在约定期限内发出复工指示,导致承包人无法复工的。

(4)发包人无法继续履行或明确表示不履行或实质上已停止履行合同的。

(5)发包人不履行合同约定其他义务的。

22.2.2　承包人有权暂停施工

发包人发生除第22.2.1(4)目以外的违约情况时，承包人可向发包人发出通知，要求发包人采取有效措施纠正违约行为。发包人收到承包人通知后的28天内仍不履行合同义务，承包人有权暂停施工，并通知监理人，发包人应承担由此增加的费用和(或)工期延误，并支付承包人合理利润。

22.2.3　发包人违约解除合同

(1)发生第22.2.1(4)目的违约情况时，承包人可书面通知发包人解除合同。

(2)承包人按第22.2.2项暂停施工28天后，发包人仍不纠正违约行为的，承包人可向发包人发出解除合同通知。但承包人的这一行动不免除发包人承担的违约责任，也不影响承包人根据合同约定享有的索赔权利。

22.2.4　解除合同后的付款

因发包人违约解除合同的，发包人应在解除合同后28天内向承包人支付下列金额，承包人应在此期限内及时向发包人提交要求支付下列金额的有关资料和凭证：

(1)合同解除日以前所完成工作的价款。

(2)承包人为该工程施工订购并已付款的材料、工程设备和其他物品的金额，发包人付还后，该材料、工程设备和其他物品归发包人所有。

(3)承包人为完成工程所发生的，而发包人未支付的金额。

(4)承包人撤离施工场地以及遣散承包人人员的金额。

(5)由于解除合同应赔偿的承包人损失。

(6)按合同约定在合同解除日前应支付给承包人的其他金额。

发包人应按本项约定支付上述金额并退还质量保证金和履约担保，但有权要求承包人支付应偿还给发包人的各项金额。

22.2.5　解除合同后的承包人撤离

因发包人违约而解除合同后，承包人应妥善做好已竣工工程和已购材料、设备的保护和移交工作，按发包人要求将承包人设备和人员撤出施工场地。承包人撤出施工场地应遵守第18.7.1项的约定，发包人应为承包人撤出提供必要条件。

22.3　第三人造成的违约

在履行合同过程中，一方当事人因第三人的原因造成违约的，应当向对方当事人承担违约责任。一方当事人和第三人之间的纠纷，依照法律规定或者按照约定解决。

23. 索赔

23.1　承包人索赔的提出

根据合同约定，承包人认为有权得到追加付款和(或)延长工期的，应按以下程序向发包人提出索赔：

(1)承包人应在知道或应当知道索赔事件发生后 28 天内,向监理人递交索赔意向通知书,并说明发生索赔事件的事由。承包人未在前述 28 天内发出索赔意向通知书的,丧失要求追加付款和(或)延长工期的权利。

(2)承包人应在发出索赔意向通知书后 28 天内,向监理人正式递交索赔通知书。索赔通知书应详细说明索赔理由以及要求追加的付款金额和(或)延长的工期,并附必要的记录和证明材料。

(3)索赔事件具有连续影响的,承包人应按合理时间间隔继续递交延续索赔通知,说明连续影响的实际情况和记录,列出累计的追加付款金额和(或)工期延长天数。

(4)在索赔事件影响结束后的 28 天内,承包人应向监理人递交最终索赔通知书,说明最终要求索赔的追加付款金额和延长的工期,并附必要的记录和证明材料。

23.2 承包人索赔处理程序

(1)监理人收到承包人提交的索赔通知书后,应及时审查索赔通知书的内容、查验承包人的记录和证明材料,必要时监理人可要求承包人提交全部原始记录副本。

(2)监理人应按第 3.5 款商定或确定追加的付款和(或)延长的工期,并在收到上述索赔通知书或有关索赔的进一步证明材料后的 42 天内,将索赔处理结果答复承包人。

(3)承包人接受索赔处理结果的,发包人应在作出索赔处理结果答复后 28 天内完成赔付。承包人不接受索赔处理结果的,按第 24 条的约定办理。

23.3 承包人提出索赔的期限

23.3.1 承包人按第 17.5 款的约定接受了竣工付款证书后,应被认为已无权再提出在合同工程接收证书颁发前所发生的任何索赔。

23.3.2 承包人按第 17.6 款的约定提交的最终结清申请单中,只限于提出工程接收证书颁发后发生的索赔。提出索赔的期限自接受最终结清证书时终止。

23.4 发包人的索赔

23.4.1 发生索赔事件后,监理人应及时书面通知承包人,详细说明发包人有权得到的索赔金额和(或)延长缺陷责任期的细节和依据。发包人提出索赔的期限和要求与第 23.3 款的约定相同,延长缺陷责任期的通知应在缺陷责任期届满前发出。

23.4.2 监理人按第 3.5 款商定或确定发包人从承包人处得到赔付的金额和(或)缺陷责任期的延长期。承包人应付给发包人的金额可从拟支付给承包人的合同价款中扣除,或由承包人以其他方式支付给发包人。

24. 争议的解决

24.1 争议的解决方式

发包人和承包人在履行合同中发生争议的,可以友好协商解决或者提请争议评审组评审。合同当事人友好协商解决不成、不愿提请争议评审或者不接受争议评审组意见的，可在专用合同条款中约定下列一种方式解决。

(1)向约定的仲裁委员会申请仲裁。

(2)向有管辖权的人民法院提起诉讼。

24.2　友好解决

在提请争议评审、仲裁或者诉讼前，以及在争议评审、仲裁或诉讼过程中，发包人和承包人均可共同努力友好协商解决争议。

24.3　争议评审

24.3.1　采用争议评审的，发包人和承包人应在开工日后的28天内或在争议发生后，协商成立争议评审组。争议评审组由有合同管理和工程实践经验的专家组成。

24.3.2　合同双方的争议，应首先由投标人向争议评审组提交一份详细的评审申请报告，并附必要的文件、图纸和证明材料，投标人还应将上述报告的副本同时提交给被投标人和监理人。

24.3.3　被投标人在收到投标人评审申请报告副本后的28天内，向争议评审组提交一份答辩报告，并附证明材料。被投标人应将答辩报告的副本同时提交给投标人和监理人。

24.3.4　除专用合同条款另有约定外，争议评审组在收到合同双方报告后的14天内，邀请双方代表和有关人员举行调查会，向双方调查争议细节；必要时争议评审组可要求双方进一步提供补充材料。

24.3.5　除专用合同条款另有约定外，在调查会结束后的14天内，争议评审组应在不受任何干扰的情况下进行独立、公正的评审，作出书面评审意见，并说明理由。在争议评审期间，争议双方暂按总监理工程师的确定执行。

24.3.6　发包人和承包人接受评审意见的，由监理人根据评审意见拟定执行协议，经争议双方签字后作为合同的补充文件，并遵照执行。

24.3.7　发包人或承包人不接受评审意见，并要求提交仲裁或提起诉讼的，应在收到评审意见后的14天内将仲裁或起诉意向书面通知另一方，并抄送监理人，但在仲裁或诉讼结束前应暂按总监理工程师的确定执行。

第二节　专用合同条款

A. 公路工程专用合同条款

1. 一般约定

1.1　词语定义

1.1.1　合同

第 1.1.1.6 目细化为:

技术规范:为本合同所约定的技术标准和要求,是合同文件的组成部分。通用合同条款中"技术标准和要求"一词具有相同含义。

第 1.1.1.8 目细化为:

已标价工程量清单:指构成合同文件组成部分的已标明价格、经算术性错误修正及其他错误修正(如有)且承包人已确认的最终的工程量清单,包括工程量清单说明、投标报价说明、计日工说明、其他说明及工程量清单各项表格(工程量清单表 5.1 ~ 表 5.5)。

本项补充第 1.1.1.10 目:

1.1.1.10　补遗书:指发出招标文件之后由招标人向已取得招标文件的投标人发出的、编号的对招标文件所作的澄清、修改书。

1.1.2　合同当事人和人员

本项补充第 1.1.2.8 目:

1.1.2.8　承包人项目总工:指由承包人书面委派常驻现场负责管理本合同工程的总工程师或技术总负责人。

1.1.3　工程和设备

第 1.1.3.4 目细化为:

单位工程:指在建设项目中,根据签订的合同,具有独立施工条件的工程。

第 1.1.3.10 目细化为:

永久占地:指为实施本合同工程而需要的一切永久占用的土地,包括公路两侧路权范围内的用地。

第 1.1.3.11 目细化为:

临时占地:指为实施本合同工程而需要的一切临时占用的土地,包括施工所用的临时支线、便道、便桥和现场的临时出入通道,以及生产(办公)、生活等临时设施用地等。

本项补充第 1.1.3.12 目、第 1.1.3.13 目:

1.1.3.12　分部工程:指在单位工程中,按结构部位、路段长度及施工特点或施工任务划分的若干个工程。

1.1.3.13　分项工程:指在分部工程中,按不同的施工方法、材料、工序及路段长度等划分的若干个过程。

1.1.6　其他

本项补充第1.1.6.2目~1.1.6.8目:

1.1.6.2　竣工验收:指《公路工程竣(交)工验收办法》中的竣工验收。通用合同条款中"国家验收"一词具有相同含义。

1.1.6.3　交工:指《公路工程竣(交)工验收办法》中的交工。通用合同条款中"竣工"一词具有相同含义。

交工验收:指《公路工程竣(交)工验收办法》中的交工验收。通用合同条款中"竣工验收"一词具有相同含义。

1.1.6.4　交工验收证书:指《公路工程竣(交)工验收办法》中的交工验收证书。通用合同条款中"工程接收证书"一词具有相同含义。

1.1.6.5　转包:指承包人违反法律和不履行合同规定的责任和义务,将中标工程全部委托或以专业分包的名义将中标工程肢解后全部委托给其他施工企业施工的行为。

1.1.6.6　专业分包:指承包人与具有相应资质的施工企业签订专业分包合同,由分包人承担承包人委托的分部工程、分项工程或适合专业化队伍施工的其他工程,整体结算,并能独立控制工程质量、施工进度、材料采购、生产安全的施工行为。

1.1.6.7　劳务分包:指承包人与具有劳务分包资质的劳务企业签订劳务分包,由劳务企业提供劳务人员及机具,由承包人统一组织施工,统一控制工程质量、施工进度、材料采购、生产安全的施工行为。

1.1.6.8　雇佣民工:指承包人与具有相应劳动能力的自然人签订劳动合同,由承包人统一组织管理,从事分项工程施工或配套工程施工的行为。

1.4　合同文件的优先顺序

本款约定为:

组成合同的各项文件应互相解释,互为说明。除项目专用合同条款另有约定外,解释合同文件的优先顺序如下:

(1)合同协议书及各种合同附件(含评标期间和合同谈判过程中的澄清文件和补充资料)。

(2)中标通知书。

(3)投标函及投标函附录。

(4)项目专用合同条款。

(5)公路工程专用合同条款。

(6)通用合同条款。

(7)技术规范。

(8)图纸。

(9)已标价工程量清单。

(10)承包人有关人员、设备投入的承诺及投标文件中的施工组织设计。

(11)其他合同文件。

1.5　合同协议书

本款补充：

制备本合同文件的费用由发包人承担。在合同协议书签订并生效之前，投标函和中标通知书将对双方具有约束力。

1.6　图纸和承包人文件

1.6.1　图纸的提供

本项细化为：

监理人应在发出中标通知书之后42天内，向承包人免费提供由发包人或其委托的设计单位设计的施工图纸、技术规范和其他技术资料2份，并向承包人进行技术交底。承包人需要更多份数时，应自费复制。由于发包人未按时提供图纸造成工期延误的，按第11.3款的约定办理。

1.6.2　承包人提供的文件

本项细化为：

有下列情形之一的，承包人应免费向监理人提交相关部分工程的施工图纸3份，并附必要的计算书、技术资料，或施工工艺图、设备安装图及安装设备的使用和维护手册各2份供监理人批准。

(1)为使第1.6.1项所述的施工图纸适合于经现场测量后的纵、横断面。

(2)为使第1.6.1项所述的施工图纸适合于现场具体地形。

(3)为使第1.6.1项所述的施工图纸适合于因尺寸与位置变化而引起局部变更。

(4)由于合同要求与施工需要。

此类图纸应按监理人规定的格式和图幅绘制。监理人在收到由承包人绘制的上述工程、工艺图纸、计算书和有关技术资料后14天内应予批准或提出修改要求，承包人应按监理人提出的要求做出修改，重新向监理人提交，监理人应在7天内批准或提出进一步的修改意见。

1.6.4　图纸的错误

本项细化为：

当承包人在查阅合同文件或在本合同工程实施过程中，发现有关的工程设计、技术规范、图纸或其他资料中的任何差错、遗漏或缺陷后，应及时通知监理人。监理人接到该通知后，应立即就此做出决定，并通知承包人和发包人。

1.9　严禁贿赂

本款补充：

在合同执行过程中，发包人和承包人应严格履行《廉政合同》约定的双方在廉政建设方面的权利和义务以及应承担的违约责任。承包人如果用行贿、送礼或其他不正当手段企图影响或已经影响了发包人或监理人的行为和(或)欲获得或已获得超出合同规定以外的额外费用,则发包人应按有关法纪严肃处理当事人,且承包人应对上述行为造成的工程损耗害、发包人的经济损失等承担一切责任,并予赔偿。情节严重者,发包人有权终止承包人在本合同项下的承包。

2. 发包人义务

2.3 提供施工场地

本款补充:

发包人负责办理永久占地的征用及与之有关的拆迁赔偿手续并承担相关费用。承包人在按第 10 条规定提交施工进度计划的同时,应向监理人提交一份按施工先后次序所需的永久占地计划。监理人应在收到此计划后的 14 天内审核并转报发包人核备。发包人应在监理人发出本工程或分部工程开工通知之前,对承包人开工所需的永久占地办妥征用手续和相关拆迁赔偿手续,通知承包人使用,以使承包人能够及时开工;此后按承包人提交并经监理人同意的合同进度计划的安排,分期(也可以一次)将施工所需的其余永久占地办妥征用及拆迁赔偿手续,通知承包人使用,以使承包人能够连续不间断地施工。由于承包人施工考虑不周或措施不当等原因而造成的超计划占地或拆迁等发生的征用和赔偿费用,应由承包人承担。

由于发包人未能按照本项规定办妥永久占地征用手续,影响承包人及时使用永久占地造成的费用增加和(或)工期延误应由发包人承担。由于承包人未能按照本项规定提交占地计划,影响发包人办理永久占地征用手续造成的费用增加和(或)工期延误由承包人承担。

3. 监理人

3.1 监理人的职责和权力

第 3.1.1 项补充:

监理人在行使下列权力前需要经发包人事先批准:

(1)根据第 4.3 款,同意分包本工程的某些非主体和非关键性工作。

(2)确定第 4.11 款下产生的费用增加额。

(3)根据第 11.1 款、第 12.3 款、第 12.4 款发布开工通知、暂停施工指示或复工通知。

(4)决定第 11.3 款、第 11.4 款下的工期延长。

(5)审查批准技术规范或设计的变更。

(6)根据第 15.3 款发出的变更指示,其单项工程变更或累计变更涉及的金额超过了项目专用合同条款数据表规定的金额。

(7)确定第 15.4 款下变更工作的单价。

(8)按照第 15.6 款决定有关暂列金额的使用。

(9)确定第 15.8 款项下的暂估价金额。

(10)确定第 23.1 款项下的索赔额。

如果发生紧急情况,监理人认为将造成人员伤亡,或危及本工程或邻近的财产需立即采取行动,监理人有权在未征得发包人的批准的情况下发布处理紧急情况所必需的指令,承包人应予执行,由此造成的费用增加由监理人按第 3.5 款商定或确定。

3.5　商定或确定

第 3.5.1 项补充:

如果这项商定或确定导致费用增加和(或)工期延长,或者涉及确定变更工程的价格,则总监理工程师在发出通知前,应征得发包人的同意。

4. 承包人

4.1　承包人的一般义务

4.1.9　工程的维护和照管

本项细化为:

(1)交工验收证书颁发前,承包人应负责照管和维护工程及将用于或安装在本工程中的材料、设备。交工验收证书颁发时尚有部分未交工工程的,承包人还应负责该未交工工程、材料、设备的照管和维护工作,直至交工后移交给发包人为止。

(2)在承包人负责照管与维护期间,如果本工程或材料、设备等发生损失或损害,除不可抗力原因之外,承包人均应自费弥补,并达到合同要求。承包人还应对按第 19 条规定而实施作业的过程中由承包人造成的对工程的任何损失或损害负责。

4.1.10　其他义务

本项细化为:

(1)临时占地由承包人向当地政府土地管理部门申请,并办理租用手续,承包人按有关规定直接支付其费用,发包人对此将予以协调。

临时占地范围包括承包人驻地的办公室、食堂、宿舍、道路和机械设备停放场、材料堆放场地、弃土场、预制场、拌和场、仓库、进场临时道路、临时便道、便桥等。承包人应在“临时占地计划表”范围内按实际需要与先后次序,提出具体计划报监理人同意,并报发包人。临时占地的面积和使用期应满足工程需要,费用包括临时占地数量、时间及因此而发生的协调、租用、复耕、地面附着物(电力、电信、房屋、坟墓除外)的拆迁补偿等相关费用。除项目专用合同条款另有约定外,临时占地的租地费用实行总额包干,列入工程量清单 100 章中由承包人按总额报价。

临时占地退还前,承包人应自费恢复到临时占地使用前的状态。如因承包人撤离后未按要求对临时占地进行恢复或虽进行了恢复但未达到使用标准的,将由发包人委托第三方对其恢复,所发生的费用将从应付给承包人的任何款项内扣除。

(2)除项目专用条款另有约定外,承包人应承担并支付为获得本合同工程所需的石料、砂、砾石、黏土或其他当地材料等所发生的料场使用费及其他开支或补偿费。发包人应尽可能协助承包人办理料场租用手续及解决使用过程中的有关问题。

(3)承包人应严格遵守国家有关解决拖欠工程款和民工工资的法律、法规,及时支付工程中的材料、设备贷款及民工工资等费用。承包人不得以任何借口拖欠材料、设备贷款及民工工资等费用,如果出现此种现象,发包人有权代为支付其拖欠的材料、设备贷款及民工工资,并从应付给承包人的工程款中扣除相应款项。对恶意拖欠和拒不按计划支付的,作为不良记录纳入公路建设市场信用信息管理系统。

承包人的项目经理部是民工工资支付行为的主体,承包人的项目经理是民工工资支付的责任人。项目经理部要建立全体民工花名册和工资支付表,确保将工资直接发放给民工本人,或委托银行发放民工工资,严禁发放给“包工头”或其他不具备用工主体资格的组织和个人。

工资支付表应如实记录支付单位、支付时间、支付对象、支付数额、支付对象的身份证号和签字等信息。民工花名册和工资支付表应报监理人备查。

(4)承包人应履行项目专用合同条款约定的其他义务。

4.3 分包

第 4.3.2 ~4.3.4 项细化为:

4.3.2 承包人不得将工程主体、关键性工作分包给第三人。经发包人同意,承包人可将工程的其他部分或工作分包给第三人。分包包括专业分包和劳务分包。

4.3.3 专业分包

在工程施工过程中,承包人进行专业分包必须遵守以下规定:

(1)允许专业分包的工程范围仅限于分部工程或分项工程、适合专业化队伍施工的工程,专业分包的工程量累计不得超过总工程量的 30%。

(2)专业分包人的资格能力(含安全生产能力)应与其分包工程的标准和规模相适应,具备相应的专业承包资质。

(3)专业分包工程不得再次分包。

(4)承包人和专业分包人应当依法签订专业分包合同,并按照合同履行约定的义务。专业分包合同必须明确约定工程款支付条款、结算方式以及保证按期支付的相应措施,确保工程款的支付。

(5)承包人对施工现场安全负总责,并对专业分包人的安全生产进行培训和管理。专业分包人应将其专业分包工程的施工组织设计和施工安全方案报承包人备案。专业分包人对分包施工现场安全负责,发现事故隐患,应及时处理。

(6)所有专业分包计划和专业分包合同须报监理人审批,并报发包人核备。监理人审批专业分包并不解除合同规定的承包人的任何责任或义务。

违反上述规定之一者属违规分包。

4.3.4　劳务分包

在工程施工过程中,承包人进行劳务分包必须遵守以下规定:

(1)劳务分包人应具有劳务分包资质。

(2)劳务分包应当依法签订劳务分包合同,劳务分包合同必须由承包人的法定代表人或其委托代理人与劳务分包人直接签订,不得由他人代签。承包人的项目经理部、项目经理、施工班组等不具备用工主体资格,不能与劳务分包人签订劳务分包合同。承包人应向发包人和监理人提交劳务分包合同副本并报项目所在地劳动保障部门备案。

(3)承包人雇用的劳务作业应加入到承包人的施工班组统一管理。有关施工质量、施工安全、施工进度、环境保护、技术方案、试验检测、材料保管与供应、机械设备等都必须由承包人管理与调配,不得以包代管。

(4)承包人应当对劳务分包人员进行安全培训和管理,劳务分包人不得将其分包的劳务作业再次分包。

违反上述规定之一者属违规分包。

本款补充第4.3.6项:

4.3.6　发包人对承包人与分包人之间的法律与经济纠纷不承担任何责任和义务。

4.4　联合体

本款增加第4.4.4项:

4.4.4　未经发包人事先同意,联合体的组成与结构不得变动。

4.6　承包人人员的管理

第4.6.3项细化为:

承包人安排在施工场地的主要管理人员和技术骨干应与承包人承诺的名单一致,并保持相对稳定。未经监理人批准,上述人员不应无故不到位或被替换;若确实无法到位或需替换,需经监理人审核并报发包人批准后,用同等资质和经历的人员替换。

本款补充第4.6.5项:

4.6.5　尽管承包人已按承诺派遣了上述各类人员,但若这些人员仍不能满足合同进度计划和(或)质量要求时,监理人有权要求承包人继续增派或雇用这类人员,并书面通知承包人和抄送发包人。承包人在接到上述通知后应立即执行监理人的上述指示,不得无故拖延,由此增加的费用和(或)工期延误由承包人承担。

4.7　撤换承包人项目经理和其他人员

本款细化为:

承包人应对其项目经理和其他人员进行有效管理。监理人要求撤换不能胜任本职工作、行为不端或玩忽职守的承包人项目经理和其他人员的,承包人应予以撤换,同时委派经发包人与监理人同意的新的项目经理和其他人员。

4.9 工程价款应专款专用

本款细化为:

发包人按合同约定支付给承包人的各项价款应专用于合同工程。承包人必须在发包人指定的银行开户,并与发包人、银行共同签订《工程资金监管协议》,接受发包人和银行对资金的监管。承包人应向发包人授权进行本合同工程开户银行工程资金的查询。发包人支付的工程进度款应为本工程的专款专用资金,不得转移或用于其他工程。发包人的期中支付款将转入该银行所设的专门账户,发包人及其派出机构有权不定期对承包人工程资金使用情况进行检查,发现问题及时责令承包人限期改正,否则,将终止月支付,直至承包人改正为止。

4.10 承包人现场查勘

第4.10.1项细化为:

发包人提供的本合同工程的水文、地质、气象和料场分布、取土场、弃土场位置等资料均属于参考资料,并不构成合同文件的组成部分,承包人应对自己就上述资料的解释、推论和应用负责,发包人不对承包人据此做出的判断和决策承担任何责任。

4.11 不利物质条件

第4.11.2项细化为:

承包人遇到不可预见的不利物质条件时,应采取适应不利物质条件的合理措施继续施工,并及时通知监理人。监理人应当及时发出指示,指示构成变更的,按第15条约定办理。监理人没有发出指示的,承包人因采取合理措施而增加的费用和(或)工期延误,由发包人承担。

本款补充第4.11.3项:

4.11.3 可预见的不利物质条件

(1)对于项目专用合同条款中已经明确指出的不利物质条件无论承包人是否有其经历和经验均视为承包人在接受合同时已预见其影响,并已在签约合同价中计入因其影响而可能发生的一切费用。

(2)对于项目专用合同条款未明确指出,但是在不利物质条件发生之前,监理人已经指示承包人有可能发生,但承包人未能及时采取有效措施,而导致的损失和后果均由承包人承担。

补充第4.12款:

4.12 投标文件的完备性

合同双方一致认为,承包人在递交投标文件前,对本合同工程的投标文件和已标价工程量清单中开列的单价和总额价已查明是正确的和完备的。投标的单价和总额价应已包括了合同中规定的承包人的全部义务(包括提供货物、材料、设备、服务的义务,并包括了暂列金额和暂估价范围内的额外工作的义务)以及为实施和完成本合同工程和其缺陷修复所必需的一切工作和条件。

5. 材料和工程设备

5.2　发包人提供的材料和工程设备

第5.2.3项补充:

承包人负责接收并按规定对材料进行抽样检验和对工程设备进行检验测试,若发现材料和工程设备存在缺陷,承包人应及时通知监理人,发包人应及时改正通知中指出的缺陷。承包人负责接收后的运输和保管,因承包人的原因发生丢失、损坏或进度拖延,由承包人承担相应责任。

6. 施工设备和临时设施

6.2　承包人提供的施工设备和临时设施

第6.1.2项约定为:

承包人应自行承担修建临时设施的费用,需要临时占地的,应由承包人按第4.1.10项(1)目的规定办理。

6.3　要求承包人增加或更换施工设备

本款细化为:

承包人承诺的施工设备必须按时达到现场,不得拖延、缺短或任意更换。尽管承包人已按承诺提供了上述设备,但若承包人使用的施工设备不能满足合同进度计划和(或)质量要求时,监理人有权要求承包人增加或更换施工设备,承包人应及时增加或更换,由此增加的费用和(或)工期延误由承包人承担。

7. 交通运输

7.1　道路通行权和场外设施

本款约定为:

承包人应根据合同工程的施工需要,负责办理取得出入施工场地的专用和临时道路的通行权,以及取得为工程建设所需修建场外设施的权利,并承担有关费用。需要发包人协调时,发包人应协助承包人办理相关手续。

8. 测量放线

8.4 监理人使用施工控制网

本款补充:

经监理人批准,其他相关承包人也可免费使用施工控制网。

9. 施工安全、治安保卫和环境保护

9.2 承包人的施工安全责任

第9.2.1项细化为:

承包人应按合同约定履行安全职责,严格执行国家、地方政府有关施工安全管理方面的法律、法规及规章制度,同时严格执行发包人制定的本项目安全生产管理方面的规章制度、安全检查程序及施工安全管理要求,以及监理人有关安全工作的指示。

承包人应根据本工程的实际安全施工要求,编制施工安全技术措施,并在签订合同协议书后28天内,报监理人和发包人批准。该施工安全技术措施包括(但不限于)施工安全保障体系,安全生产责任制,安全生产管理规章制度,安全防护施工方案,施工现场临时用电方案,施工安全评估,安全预控及保证措施方案,紧急应变措施,安全标识、警示和围护方案等。对影响安全的重要工序和下列危险性较大的工程应编制专项施工方案,并附安全验算结果,经承包人项目总工签字并报监理人和发包人批准后实施,由专职安全生产管理人员进行现场监督。

本项目需要编制专项施工方案的工程包括但不限于以下内容:

(1)不良地质条件下有潜在危险性的土方、石方开挖。

(2)滑坡和高边坡处理。

(3)桩基础、挡墙基础、深水基础及围堰工程。

(4)桥梁工程中的梁、拱、柱等构件施工等。

(5)隧道工程中的不良地质隧道、高瓦斯隧道等。

(6)水上工程中的打桩船作业、施工船作业、外海孤岛作业、边通航边施工作业等。

(7)水下工程中的水下焊接、混凝土浇筑、爆破工程等。

(8)爆破工程。

(9)大型临时工程中的大型支架、模板、便桥的架设与拆除;桥梁、码头的加固与拆除。

(10)其他危险性较大的工程。

监理人和发包人在检查中发现有安全问题或有违反安全管理规章制度的情况时,可视其为承包人违约,应按第22.1款的规定处理。

第9.2.5项细化为：

除项目用合同条款另有约定外，安全生产费用应为投标价（不含安全生产费及建筑工程一切险及第三者责任险的保险费）的1%（若发包人公布了投标控制价上限，则按投标控制价上限的1%计）。安全生产费用应用于施工安全防护用具及设施的采购和更新、安全施工措施的落实、安全生产条件的改善，不得挪作他用。如承包人在此基础上增加安全生产费用以满足项目施工需要，则承包人应在本项目工程量清单其他相关子目的单价或总额价中予以考虑，发包人不再另行支付。因采取合同未约定的特殊防护措施增加的费用，由监理人按第3.5款商定或确定。

本款补充第9.2.8~9.2.11项：

9.2.8 承包人应充分关注和保障所有在现场工作的人员的安全，采取以下有效措施，使现场和本合同工程的实施保持有条不紊，以免使上述人员的安全受到威胁。

（1）按《公路水运工程安全生产监督管理办法》规定的最低数量和资质条件配备专职安全生产管理人员；

（2）承包人的垂直运输机械作业人员、施工船舶作业人员、爆破作业人员、安装拆卸工、起重信号工、电工、焊工等国家规定的特种作业人员，必须按照国家规定经过专门的安全作业培训，并取得特种作业操作资格证书后，方可上岗作业；

（3）所有施工机具设备和高空作业设备均应定期检查，并有安全员的签字记录；

（4）根据本合同各单位工程的特点，严格执行《公路水运工程安全生产监督管理办法》、《公路工程施工安全技术规程》与《公路筑养路机械操作规程》的具体规定。

9.2.9 为保护本合同工程免遭损坏，或为了现场附近和过往群众的安全与方便，在确有必要的时候和地方，或当监理人或有关主管部门要求时，承包人应自费提供照明、警卫、护栅、警告标志等安全防护设施。

9.2.10 在通航水域施工时，承包人应与当地主管部门取得联系，设置必要的导航标志，及时发布航行通告，确保施工水域安全。

9.2.11 在整个施工过程中对承包人采取的施工安全措施，发包人和监理人有权监督，并向承包人提出整改要求。如果由于承包人未能对其负责的上述事项采取各种必要的措施而导致或发生与此有关的人身伤亡、罚款、索赔、损失补偿、诉讼费用及其他一切责任应由承包人负责。

9.4 环境保护

本款补充第9.4.7~9.4.11项：

9.4.7 承包人应切实执行技术规范中有关环境保护方面的条款和规定。

（1）对于来自施工机械和运输车辆的施工噪声，为保护施工人员的健康，应遵守《中华人民共和国环境噪声污染防治法》，并依据《工业企业噪声卫生标准》合理安排工作人员轮流操作筑路机械，减少接触高噪声的时间，或间歇安排高噪声的工作。对距噪声源较近的施工人员，除采取使用防护耳塞或头盔等有效措施外，还应当缩短其劳动时间。

同时,要注意对机械的经常性保养,尽量使其噪声降低到最低水平。为保护施工现场附近居民的夜间休息,对居民区150m以内的施工现场,施工时间应加以控制。

(2)对于公路施工中粉尘污染的主要污染源——灰土拌和、施工车辆和筑路机械运行及运输产生的扬尘,应采取有效措施减轻施工现场的大气污染,保护人民健康,如:

①拌和设备应有较好的密封,或有防尘设备。

②施工通道、沥青混凝土拌和站及灰土拌和站应经常进行洒水降尘。

③路面施工应注意保持水分,以免扬尘。

④隧道出渣和桥梁钻孔灌注桩施工时排出的泥浆要进行妥善处理,严禁向河流或农田排放。

(3)采取可靠措施保证原有交通的正常通行,维持沿线村镇的居民饮水、农田灌溉、生产生活用电及通信等管线的正常使用。

9.4.8　在整个施工过程中对承包人采取的环境保护措施,发包人和监理人有权监督,并向承包人提出整改要求。如果由于承包人未能对其负责的上述事项采取各种必要的措施而导致或发生与此有关的人身伤亡、罚款、索赔、损失补偿、诉讼费用及其他一切责任应由承包人负责。

9.4.9　在施工期间,承包人应随时保持现场整洁,施工设备和材料、工程设备应整齐妥善存放和储存,废料与垃圾及不再需要的临时设施应及时从现场清除、拆除并运走。

9.4.10　在施工期间,承包人应严格遵守《关于在公路建设中实行最严格的耕地保护制度的若干意见》的相关规定,规范用地、科学用地、合理用地和节约用地。承包人应合理利用所占耕地地表的耕作层,用于重新造地;合理设置取土坑和弃土场,取土坑和弃土场的施工防护要符合要求,防止水土流失。承包人应严格控制临时占地数量,施工便道、各种料场、预制场要根据工程进度统筹考虑,尽可能设置在公路用地范围内或利用荒坡、废弃地解决,不得占用农田。施工过程中要采取有效措施防止污染农田,项目完工后承包人应将临时占地自费恢复到临时占地使用前的状况。

9.4.11　承包人应严格按照国家有关法规要求,做好施工过程中的生态保护和水土保持工作。施工中要尽可能减少对原地面的扰动,减少对地面草木的破坏,需要爆破作业的,应按规定进行控爆设计。雨季填筑路基应随挖、随运、随压,要完善施工中的临时排水系统,加强施工便道的管理。取(弃)土场必须先挡后弃,严禁在指定的取(弃)土场以外的地方乱挖乱弃。

10. 进度计划

10.1　合同进度计划

本款补充:

承包人编制施工方案说明的内容见项目专用合同条款。

承包人向监理人报送施工进度计划和施工方案说明的期限:签订合同协议书后28天之内。

监理人应在14天内对承包人施工进度计划和施工方案说明予以批复或提出修改意见。

合同进度计划应按照关键线路网络图和主要工作横道图两种形式分别编绘,并应包括每月预计完成的工作量和形象进度。

10.2 合同进度计划的修订

本款补充:

承包人提交合同进度计划修订申请报告,并附有关措施和相关资料的期限:实际进度发生滞后的当月25日前。

监理人批复修订合同进度计划的期限:收到修订合同进度计划后14天内。

补充第10.3、10.4款:

10.3 年度施工计划

承包人应在每年11月底前,根据已同意的合同进度计划或其修订的计划,向监理人提交2份格式和内容符合监理人合理规定的下一年度的施工计划,以供审查。该计划应包括本年度估计完成的和下一年度预计完成的分项工程数量和工作量,以及为实施此计划将采取的措施。

10.4 合同用款计划

承包人应在签订本合同协议书后28天之内,按招标文件中规定的格式,向监理人提交2份按合同规定承包人有权得到支付的详细的季度合同用款计划,以备监理人查阅。如果监理人提出要求,承包人还应按季度提交修订的合同用款计划。

11. 开工和竣工

11.1 开工

第11.1.2项补充:

承包人应在分部工程开工前14天向监理人提交分部工程开工报审表,若承包人的开工准备、工作计划和质量控制方法是可接受的且已获得批准,则经监理人书面同意,分部工程才能开工。

11.3 发包人的工期延误

本款补充:

即使由于上述原因造成工期延误,如果受影响的工程并非处在工程施工进度网络计划的关键线路上,则承包人无权要求延长总工期。

11.4 异常恶劣的气候条件

本款补充:

异常气候是指项目所在地 30 年以上一遇的罕见气候现象(包括温度、降水、降雪、风等)。异常恶劣的气候条件在项目专用合同条款中作具体规定。

11.5 承包人的工期延误

本款细化为:

(1)承包人应严格执行监理人批准的合同进度计划,对工作量计划和形象进度计划分别控制。除 11.3 款规定外,承包人的实际工程进度曲线应在合同进度管理曲线规定的安全区域之内。若承包人的实际工程进度曲线处在合同进度管理曲线规定的安全区域的下限之外时,则监理人有权认为本合同工程的进度过慢,并通知承包人应采取必要措施,以便加快工程进度,确保工程能在预定的工期内交工。承包人应采取措施加快进度,并承担加快进度所增加的费用。

(2)如果承包人在接到监理人通知后的 14 天内,未能采取加快工程进度的措施,致使实际工程进度进一步滞后,或承包人虽采取了一些措施,仍无法按预计工期交工时,监理人应立即通知发包人。发包人在向承包人发出书面警告通知 14 天后,发包人可按第 22.1 款终止对承包人的雇用,也可将本合同工程中的一部分工作交由其他承包人或其他分包人完成。在不解除本合同规定的承包人责任和义务的同时,承包人应承担因此所增加的一切费用。

(3)由于承包人原因造成工期延误,承包人应支付逾期交工违约金。逾期交工违约金的计算方法在项目专用合同条款数据表中约定,时间自预定的交工日期起到交工验收证书中写明的实际交工日期止(扣除已批准的延长工期),按天计算。逾期竣工违约金累计金额最高不超过项目专用合同条款数据表中写明的限额。发包人可以从应付或到期应付给承包人的任何款项中或采用其他方法扣除此违约金。

(4)承包人支付逾期竣工建约金,不免除承包人完成工程及修补缺陷的义务。

(5)如果在合同工作完工之前,已对合同工程内按时完工的单位工程签发了工程接收证书,则合同工程的逾期竣工违约金,应按已签发工程接收证书的单位工程的价值占合同工程价值的比例予以减少,但本规定不应影响逾期竣工违约金的规定限额。

11.6 工期提前

本款补充:

发包人不得随意要求承包人提前交工,承包人也不得随意提出提前交工的建议。如遇特殊情况,确需将工期提前的,发包人和承包人必须采取有效措施,确保工程质量。

如果承包人提前交工,发包人支付奖金的计算方法在项目专用合同条款数据表中约定,时间自交工验收证书中写明的实际交工日期起至预定的交工日期止,按天计算。

但奖金最高限额不超过项目专用合同条款数据表中写明的限额。

补充第11.7款：

11.7　工作时间的限制

承包人在夜间或国家规定的节假日进行永久工程的施工，应向监理人报告，以便监理人履行监理人履行监理职责和义务。

但是，为了抢救生命或保护财产，或为了工程的安全、质量而不可避免地短暂作业，则不必事先向监理人报告。但承包人应在事后立即向监理人报告。

本款规定不适用于习惯上或施工本身要求实行连续生产的作业。

12. 暂停施工

12.1　承包人暂停施工的责任

本款第(5)项细化为：

(5)现场气候条件导致的必要停工(第11.4款规定的异常恶劣的气候条件除外)。

(6)项目专用合同条款约定的由承包人承担的其他暂停施工。

13. 工程质量

13.1　工程质量要求

第13.1.1项约定为：

工程质量验收按技术规范及《公路工程质量检验评定标准》执行。

本款补充第13.1.4和13.1.5项：

13.1.4　发包人和承包人应严格遵守《关于严格落实公路工程质量责任制的若干意见》的相关规定，认真执行工程质量责任登记制度并按要求填写工程质量责任登记表。

13.1.5　本项目严格执行质量责任追究制度。质量事故处理实行“四不放过”原则：事故原因调查不清不放过；事故责任者没有受到教育不放过；没有防范措施不放过；相关责任人没受到处理不放过。

13.2　承包人的质量管理

第13.2.1项补充：

承包人提交工程质量保证措施文件的期限：签订合同协议书后28天之内。

本款补充第13.2.3~13.2.6项：

13.2.3　承包人必须遵守国家有关法律、法规和规章，严格执行公路工程强制性技术标准、各类技术规范及规程,全面履行工程合同义务,依法对公路工程质量负责。

13.2.4　承包人应加强质量监控,确保规范规定的检验、抽检频率,现场质检的原始资料必须真实、准确、可靠,不得追记,接受质量检查时必须出示原始资料。

13.2.5　承包人必须完善检验手段,根据技术规范的规定配齐检测和试验仪器、仪表,并应及时校正确保其精度;根据合同要求加强工地试验室的管理;加强标准计量基础工作和材料检验工作,不得违规计量,不合格材料严禁用于本工程。

13.2.6　承包人驻工程现场机构应在现场驻地和汇总要的分部、分项工程施工现场设置明显的工程质量责任登记表公示牌。

13.4　监理人的质量检查

本款补充:

监理人及其委派的检验人员,应能进入工程现场,以及材料或工程设备的制造、加工或制配的车间和场所,包括不属于承包人的车间或场所进行检查,承包人应为此提供便利和协助。

监理人可以将材料或工程设备的检查委托给一家独立的有质量检验认证资格的检验单位。该独立检验单位的检验结果应视为监理人完成的。监理人应将这种委托的通知书不少于 7 天交给承包人。

13.5　工程隐蔽部位覆盖前的检查

第 13.5.1 项补充:

当监理人有指示时,承包人应对重要隐蔽工程进行拍摄或照相并应保证监理人有充分的机会对将要覆盖或隐蔽的工程进行检查或量测,特别是在基础以上的任一部分工程修筑之前,对该基础进行检查。

13.6　清除不合格工程

第 13.6.1 项细化为:

(1)承包人使用不合格材料、工程设备,或采用不适当的施工工艺,或施工不当,造成工程不合格的,监理人可以随时发出指示,要求承包人立即采取措施进行替换、补救或拆除重建,直至达到合同要求的质量标准,由此增加的费用和(或)工期延误由承包人承担。

(2)如果承包人未在规定时间内执行监理人的指示,发包人有权雇用他人执行,由此增加的费用和(或)工期延误由承包人承担。

14. 试验和检验

补充第 14.4 款:

14.4　试验和检验费用

(1)承包人应负责提供合同和技术规范规定的试验和检验所需的全部样品,并承担其费用。

(2)在合同中明确规定的试验和检验,包括无须在工程量清单中单独列项和已在工程量清单中单独列项的试验和检验,其试验和检验的费用由承包人承担。

(3)如果监理人所要求做的试验和检验为合同未规定的或是在该材料或工程设备的制造、加工、制配场地以外的场地进行的,则检验结束后,如表明操作工艺或材料、工程设备未能符合合同规定,其费用应由承包人承担,否则,其费用应由发包人承担。

15. 变更

15.1　变更的范围和内容

本款第(1)项细化为:

(1)取消合同中任何一项工作,但被取消的工作不能转由发包人或其他人实施,由于承包人违约造成的情况除外。

15.3　变更程序

本款补充第 15.3.4 项:

15.3.4　设计变更程序应执行《公路工程设计变更管理办法》的相关规定。

15.4　变更的估价原则

本款细化为:

除项目专用合同条款另有约定外,因变更引起的价格调整按照本款约定处理。

15.4.1　如果取消某项工作,则该项工作的总额价不予以支付;

15.4.2　已标价工程量清单中有适用于变更工作的子目的,采用该子目的单价。

15.4.3　已标价工程量清单中无适用于变更工作的子目,但有类似子目的,可在合理范围内参照类似子目的单价,由监理人按第 3.5 款商定或确定变更工作的单价。

15.4.4　已标价工程量清单中无适用或类似子目的单价,可在综合考虑承包人在投标时所提供的单价分析表的基础上,由监理人按第 3.5 款商定或确定变更工作的单价。

15.4.5　如果本工程的变更指示是因承包人过错、承包人违反合同或承包人责任造成的,则这种违约引起的任何额外费用应由承包人承担。

15.5　承包人的合理化建议

第 15.5.2 项约定为:

承包人提出的合理化建议缩短了工期,发包人按第 11.6 款的规定给予奖励。

承包人提出的合理化建议降低了合同价格或者提高了工程经济效益的,发包人按项目专用合同条款数据表中规定的金额给予奖励。

15.6 暂列金额

本款细化为:

15.6.1 暂列金额应由监理人报发包人批准后指令全部或部分地使用,或者根本不予动用。

15.6.2 对于经发包人批准的每一笔暂列金额,监理人有权向承包人发出实施工程或提供材料、工程设备或服务的指令。这些指令应由承包人完成,监理人应根据第15.4 款约定的变更估价原则和第 15.7 款的规定,对合同价格进行相应调整。

15.6.3 当监理人提出要求时,承包人应提供有关暂列金额支出的所有报价单、发票、凭证和账单或收据,除非该工作是根据已标价工程量清单列明的单价或总额价进行的估价。

16. 价格调整

16.1 物价波动引起的价格调整

本款约定为:

(1)除项目专用合同条款另有约定外,因物价波动引起的价格调整应按项目专用合同条款数据表的规定,按照第 16.1.1 项或第 16.1.2 项约定的原则处理;或者

(2)在合同执行期间(包括工期拖延期间),由于人工、材料和设备价格的上涨而引起工程施工成本增加的风险由承包人自行承担,合同价格不会因此而调整。

16.1.1 采用价格指数调整价格差额

16.1.1.1 价格调整公式

价格调整公式后增加备注如下:

式中,$A=1-(B_1+B_2+B_3+\cdots+B_n)$。

本目最后一段文字细化为:

在采用价格调整公式进行调价时,还应遵守以下规定:

(1)以上价格调整公式中的各可调因子、定值权重,以及基本价格指数及其来源,由发包人在投标函附录价格指数和权重表中约定。价格指数应首先采用国家或省、自治区、直辖市价格部门或统计部门提供的价格指数,缺乏上述价格指数时,可采用上述部门提供的价格代替。

(2)价格调整公式中的变值权重,由发包人根据项目实际情况测算确定范围,并在投标函附录价格指数和权重表中约定范围;承包人在投标时在此范围内填写各可调因子的权重,合同实施期间将按此权重进行调价。

17. 计量与支付

17.1 计量

17.1.2 计量方法

本项约定为：

工程的计量应以净值为准，除非项目专用合同条款另有约定。工程量清单中各个子目的具体计量方法按本合同文件技术标准中的规定执行。

17.1.4 单价子目的计量

本项补充：

(7)承包人未在已标价工程量清单中填入单价或总额价的工程子目，将被认为其已包含在本合同的其他子目的单价和总额价中，发包人将不另行支付。

17.2 预付款

17.2.1 预付款

本项约定为：

预付款包括开工预付款和材料、设备预付款。具体额度和预付办法如下：

(1)开工预付款的金额在项目专用条款数据表中约定。在承包人签订了合同协议书并提交了开工预付款保函后，监理人应在当期进度付款证书中向承包人支付开工预付款的70%的价款；在承包人承诺的主要设备进场后，再支付预付款的30%。

承包人不得将该预付款用于与本工程无关的支出，监理人有权监督承包人对该项费用的使用，如经查实承包人滥用开工预付款，发包人有权立即通过向银行发出通知收回开工预付款保函的方式，将该款收回。

(2)材料、设备预付款按项目专用合同条款数据表中所列主要材料、设备单据费用(进口的材料、设备为到岸价，国内采购的为出厂价或销售价，地方材料为堆场价)的百分比支付。其预付条件为：

①材料、设备符合规范要求并经监理人认可；

②承包人已出具材料、设备费用凭证或支付单据；

③材料、设备已在现场交货，且存储良好，监理人认为材料、设备的存储方法符合要求。

则监理人应将此项金额作为材料、设备预付款计入下一次的进度付款证书中。在预计竣工前3个月，将不再支付材料、设备预付款。

17.2.2 预付款保函

本项细化为：

除项目专用合同条款另有约定外，承包人应在收到开工预付款前向发包人提交开工预付款保函，开工预付款保函的担保金额应与开工预付款金额相同。出具保函的银行须与第 4.2 款的要求相同,所需费用由承包人承担。银行保函的正本由发包人保存,该保函在发包人将开工预付款全部扣回之前一直有效,担保金额可根据开工预付款扣回的金额相应递减。

17.2.3 预付款的扣回与还清

本项约定为:

(1)开工预付款在进度付款证书的累计金额未达到签约合同价的 30% 之前不予扣回,在达到签约合同价 30% 之后,开始按工程进度以固定比例(即每完成签约合同价的 1%,扣回开工预付款的 2%)分期从各月的进度付款证书中扣回,全部金额在进度付款证书的累计金额达到签约合同价的 80% 时扣完。

(2)当材料、设备已用于或安装在永久工程之中时,材料、设备预付款应从进度付款证书中扣回,扣回期不超过 3 个月。已经支付材料、设备预付款的材料、设备的所有权应属于发包人。

17.3 工程进度付款

17.3.3 进度付款证书和支付时间

本项(1)目补充:

如果该付款周期应结算的价款经扣留和扣回后的款额少于项目专用合同条款数据表中列明的进度付款证书的最低金额,则该付款周期监理人可不核证支付,上述款额将按付款周期结转,直至累计应支付的款额达到项目专用合同条款数据表中列明的进度付款证书的最低金额为止。

本项(2)目约定为:

发包人不按期支付的,按项目专用条款数据表中约定的利率向承包人支付逾期付款违约金。违约金计算基数为发包人的全部未付款额,时间从应付而未付该款额之日算起(不计复利)。

17.4 质量保证金

第 17.4.1 项细化为:

监理人应从第一个付款周期开始,在发包人的进度付款中,按项目专用合同条款数据表规定的百分比扣留质量保证金,直至扣留的质量保证金总额达到项目专用合同条款数据表规定的限额为止。质量保证金的计算额度不包括预付款的支付以及扣回的金额。

17.5 交工结算

17.5.1 交工付款申请单

本项(1)目约定为:

承包人向监理人提交交工付款申请单(包括相关证明材料)的份数在项目专用合同条款数据表中约定;期限:交工验收证书签发后 42 天内。

17.6　最终结清

17.6.1　最终结清申请单

本项(1)目约定为：

承包人向监理人提交最终结清申请单(包括相关证明材料)的份数在项目专用合同条款数据表中约定;期限:缺陷责任期终止证书签发后28天内。

最终结清申请单中的总金额应认为是代表了根据合同规定应付给承包人的全部款项的最后结算。

18. 交工验收

18.2　交工验收申请报告

本款第(2)项约定为：

竣工资料的内容:承包人应按照《公路工程竣(交)工验收办法》和相关规定编制竣工资料。

竣工资料的份数在项目专用合同条款数据表中约定。

18.3　验收

第18.3.2项补充：

交工验收由发包人主持,由发包人、监理人、质监、设计、施工、运营、管理养护等有关部门代表组成交工验收小组,对本项目的工程质量进行评定,并写出交工验收报告报交通主管部门备案。承包人应按发包人的要求提交竣工资料,完成交工验收准备工作。

第18.3.5项约定为：

经验收合格工程的实际交工日期,以最终提交交工验收申请报告的日期为准,并在交工验收证书中写明。

本款补充第18.3.7项：

组织办理交工验收和签发交工验收证书的费用由发包人承担。但按照第18.3.4项规定达不到合格标准的交工验收费用由承包人承担。

补充第18.9项：

18.9　竣工文件

承包人应按照《公路工程竣(交)工验收办法》中的相关规定,在缺陷责任期内为竣工验收补充竣工资料,并在签发缺陷责任期终止证书之前提交。

19. 缺陷责任与保修责任

19.2　缺陷责任

补充第19.2.2项：

在缺陷责任期内,承包人应尽快完成在交工验收证书中写明的未完成工作,并完成对本工程缺陷的修复或监理人指令的修补工作。

19.5 承包人的进入权

本款补充:

承包人在缺陷修复施工过程中,应服从管养单位的有关安全管理规定,由于承包人自身原因造成的人员伤亡、设备和材料的损毁及罚款等责任由承包人自负。

19.7 保修责任

本款细化为:

(1)保修期自实际交工日期起计算,具体期限在项目专用合同条款数据表中约定。保修期与缺陷责任期重叠的期间内,承包人的保修责任同缺陷责任。在缺陷责任期满后的保修期内,承包人可不在工地留有办事人员和机械设备,但必须随时与发包人保持联系,在保修期内承包人应对由于施工质量原因造成的损坏自费进行修复。

(2)在全部工程交工验收前,已经发包人提前验收的单位工程,其保修期的起算日期相应提前。

(3)工程保修期终止后 28 天内,监理人签发保修期终止证书。

(4)若承包人不履行保修义务和责任,则承包人应承担由于违约造成的法律后果,并由发包人将其违约行为上报省级交通主管部门,作为不良记录纳入公路建设时常信用信息管理系统。

20. 保险

20.1 工程保险

本款约定为:

建筑工程一切险的投保内容:为本合同工程的永久工程、临时工程和设备及已运至施工工地用于永久工程的材料和设备所投的保险。

保险金额:工程量清单第 100 章(不含建筑工程一切险及第三者责任险的保险费)至 700 章的合计金额。

保险费率:在项目专用条款数据表中约定。

保险期限:开工日起直至本合同工程签发缺陷责任期终止证书止(即合同工期 + 缺陷责任期)。

承包人应以发包人和承包人的共同名义投保建筑工程一切险。建筑工程一切险的保险费由承包人报价时列入工程量清单 100 章内。发包人在接到保险单后,将按照保险单的费用直接向承包人支付。

20.4　第三者责任险

第 20.4.2 项补充：

第三者责任险的保险费由承包人报价时列入工程量清单 100 章内。发包人在接到保险单后，将按照保险单的费用直接向承包人支付。

20.5　其他保险

本款约定为：

承包人应为其施工设备等办理保险，其投保金额应足以现场重量。办理本款保险的一切费用均由承包人承担，并包括在工程量清单的单价及总额价中，发包人不单独支付。

20.6　对各项保险的一般要求

20.6.1　保险凭证

本项约定为：

承包人向发包人提交各项保险生效的证据和保险单副本的期限：开工后 56 天内。

20.6.3　持续保险

本项补充：

在整个合同期内，承包人应按合同条款保证足够的保险额。

20.6.4　保险金不足的补偿

本项细化为：

保险金不足补偿损失的（包括免赔额和超过赔偿限额的部分），应由承包人和（或）发包人按合同约定负责补偿。

20.6.5　未按约定投保的补救

本项（2）目细化为：

（2）由于负有投保义务的一方当事人未按合同约定办理某项保险，或未按保险单规定的条件和期限及时间向保险人报告事故情况，或未按要求的保险期限进行投保，或未按要求投保足够的保险金额，导致受益人未能或未能全部得到保险人的赔偿，原应从该项保险得到的保险金应由负有投保义务的一方当事人支付。

21. 不可抗力

21.1　不可抗力的确认

第 21.1.1 项细化为：

不可抗力是指承包人和发包人在订立合同时不可预见，在工程施工过程中不可避免发生并不能克服的自然灾害和社会性突发事件。包括但不限于：

（1）地震、海啸、火山爆发、泥石流、暴雨（雪）、台风、龙卷风、水灾等自然灾害。

(2)战争、骚乱、暴动,但纯属承包人或其分包人派遣与雇用的人员由于本合同工程施工原因引起者除外。

(3)核反应、辐射或放射性污染。

(4)空中飞行物体坠落或非发包人或承包人责任造成的爆炸、火灾。

(5)瘟疫。

(6)项目专用合同条款约定的其他情形。

21.3 不可抗力后果及其处理

21.3.4 因不可抗力解除合同

本项细化为:

合同一方当事人因不可抗力不能履行合同的,应当及时通知对方解除合同。合同解除后,承包人应按照第 22.2.5 项约定撤离施工场地。已经订货的材料、设备由订货方负责退货或解除订货合同,不能退还的货款和因退货、解除订货合同发生的费作,由发包人承担,因未有时退货造成的损失由责任方承担。合同解除后的付款,参照第 22.2.4 项约定,由监理人按第 3.5 项商定或确定,但由于解除合同应赔偿的承包人损失不予考虑。

22. 违约

22.1 承包人违约

22.1.1 承包人违约的情形

本项(2)目细化为:

(2)承包人违反第 5.3 项或第 6.4 项的约定,未经监理人批准,私自将已按合同约定进入施工场地的施工设备、临时设施、材料或工程设备撤离施工场地。

本项(7)目细化为:

(7)承包人未能按期开工。

(8)承包人违反第 4.6 项或 6.3 项的规定,未按承诺或未按监理人的要求及时配备称职的主要管理人员、技术骨干或关键施工设备。

(9)经监理人和发包人检查,发现承包人有安全问题或有违反安全管理规章制度的情况。

(10)承包人不按合同约定履行义务的其他情况。

22.1.2 对承包人违约的处理

本项补充:

(4)承包人发生第 22.1.1 项约定的违约情况时,无论发包人是否解除合同,发包人均有权向承包人课以项目专用合同条款中规定的违约金,并由发包人将其违约行为上报省级交通主管部门,作为不良记录纳入公路建设市场信用信息管理系统。

22.2　发包人违约

22.2.4　解除合同后的付款

本项(2)目细化为：

(2)承包人为该工程施工订购并已付款的材料、工程设备和其他物品的金额，发包人付款后，该材料、工程设备和其他物品归发包人所有。

23. 索赔

23.1　承包人索赔的提出

本款第(4)项细化为：

(4)在索赔事件影响结束后的28天内，承包人应向监理人递交最终索赔通知书，说明最终要求索赔的追加付款金额和(或)延长的工期，并附必要的记录和证明材料。

23.2　承包人索赔处理程序

本款第(2)项细化为：

(2)监理人应按第3.5项商定或确定追加的付款和(或)延长的工期，并在收到上述索赔通知书或有关索赔的进一步证明材料后的42天内，将索赔处理结果报发包人批准后答复承包人。如果承包人提出的索赔要求未能遵守第23.1(2)~(4)项规定，则承包人只限于索赔由监理人按当时记录予以核实的那部分款额外负担和(或)工期延长天数。

24. 争议的解决

24.3　争议评审

第24.3.1项补充：

争议评审组由3人或5人组成，专家的聘请方法可由发包人和承包人共同协商确定，亦可请政府主管部门推荐或通过合同争议调解机构聘请，并经双方认同。争议评审组成员应与合同双方均无利害关系，争议评审组的各项费用由发包人和承包人平均分担。

补充第24.4、24.5项(适用于采用仲裁方式最终解决争议的项目)：

24.4　仲裁

(1)对于未能友好解决或通过争议评审解决的争议，发包人或承包人任一方均有权提交给第24.1项约定的仲裁委员会仲裁。

(2)仲裁可在交工之前或之后进行，但发包人、监理人和承包人各自的义务不得因在工程实施期间进行仲裁而有所改变。如果仲裁是在终止合同的情况下进行,则对合同工程应采取保护措施,措施费由败诉方承担。

(3)仲裁裁决是终局性的并对发包人和承包人双方具有约束力。

(4)全部仲裁费用应由败诉方承担;或按仲裁员会裁决的比例分担。

24.5　仲裁的执行

(1)任何一方不履行仲裁机构的裁决的,对方可以向有管辖权的人民法院申请执行。

(2)任何一方提出证据证明裁决有《中华人民共和国仲裁法》第五十八条规定情形之一的,可以向仲裁委员会所在地的中级人民法院申请撤销裁决。人民法院认定执行该裁决违背社会公共利益的,裁定不予执行。仲裁裁决被人民法院裁定不予执行的,当事人可以根据双方达成的书面仲裁协议重新申请仲裁,也可以向人民法院起诉。

B. 江西省公路工程专用合同条款

1. 一般约定

1.1　词语定义

1.1.1　合同

第 1.1.1.1 目细化为：

合同文件（或称合同）：指合同协议书、中标通知书、投标函及投标函附录、投标报价函、价格指数和权重表（如有）、项目专用合同条款、项目专用技术规范、江西省公路工程专用合同条款、江西省公路工程专用技术规范、公路工程专用合同条款、公路工程技术规范、通用合同条款、图纸、已标价工程量清单、投标文件、《江西省高速公路项目标准化管理指南（试行）》（赣交基建字〔2011〕19 号）、《江西省高速公路施工质量控制要点》（赣交质监字〔2011〕1 号）、《江西省公路水运工程"平安工地"建设活动达标标准》（赣交质监字〔2011〕11 号）以及其他合同文件。

第 1.1.1.8 目细化为：

已标价工程量清单：指构成合同文件组成部分的已标明价格、经不平衡报价修正且承包人确认的工程量清单，包括工程量清单说明、投标报价说明、其他说明及工程量清单各项表格。

1.4　合同文件的优先顺序

本款细化为：

组成合同的各项文件应互相解释，互为说明。解释合同文件的优先顺序如下：

（1）合同协议书及各种合同附件（含评标期间和合同谈判过程中的澄清文件和补充资料）。

（2）中标通知书。

（3）投标函和投标函附录、投标报价函、价格指数和权重表（如有）。

（4）项目专用合同条款（含招标文件补遗书中与此有关的部分）。

（5）项目专用技术规范（含招标文件补遗书中与此有关的部分）。

（6）江西省公路工程专用合同条款。

（7）江西省公路工程专用技术规范。

（8）《公路工程标准施工招标文件》（2009 年版）中的公路工程专用合同条款。

（9）《公路工程标准施工招标文件》（2009 年版）公路工程技术规范。

（10）《标准施工招标文件》（2007 年版）中的通用合同条款。

（11）图纸（含招标文件补遗书中与此有关的部分）。

（12）已标价工程量清单。

（13）投标文件（不含施工组织设计）。

(14)《高速公路施工标准化技术指南》、《江西省高速公路项目标准化管理指南(试行)》(赣交基建字〔2011〕19号)、《江西省高速公路施工质量控制要点》(赣交质监字〔2011〕1号)、《江西省公路水运工程"平安工地"建设活动达标标准》(赣交质监字〔2011〕11号)。

(15)其他合同文件。

1.11 专利技术

第1.11.1项细化为:

承包人在使用任何材料、承包人设备、工程设备或采用施工工艺时,因侵犯专利权或其他知识产权所引起的责任,由承包人承担,由此造成发包人被第三方提出索赔或造成经济损失的,承包人还应予以赔偿;但由于遵照发包人提供的设计或技术标准和要求引起的除外。

3. 监理人

3.1 监理人的职责和权力

第3.1.2项细化为:

监理人在其权限范围内发出的任何指示应视为已得到发包人的批准,但监理人无权免除或变更合同约定的发包人和承包人的权利、义务和责任。

4. 承包人

4.1 承包人的一般义务

第4.1.2项补充:

必要时,发包人将从应支付给承包人的费用中代扣代缴有关税费(含取得有关部门施工许可、防洪基金等费用)。

4.1.10 其他义务

本项(1)目第一段细化为:

临时占地由承包人向当地政府土地管理部门申请,并办理租用手续,承包人直接支付其费用,发包人对此予以协调。临时占地尽量不占或少占耕地,临时占地所涉及的费用应包括在与其相关工程子目的单价或费率之中。

本项(1)目第三段细化为:

临时占地退还前,承包人应自费恢复和处理,与当地政府办理权属移交手续,并将移交协议等报发包人备案。如因承包人撤离后未按要求对临时占地进行恢复或虽进行了恢复但未达到标准的,将由发包人委托第三方对其恢复,在不解除本合同规定的承包人责任和义务的同时,承包人应承担因此所增加的一切费用。

本项(3)目细化为:

承包人应严格遵守国家有关解决拖欠工程款和民工工资的法律、法规、江西省交通运输厅《关于明确江西省公路建设项目承包人雇用人员(劳务人员)劳动合同及工资管理职责的通知》(赣交基建字〔2009〕31号)及本项目有关民工工资的管理办法,及时支付材料、设备货款及民工工资等费用。承包人不得以任何借口拖欠材料、设备货款及民工工资等费用,如果出现此种现象,发包人将上报江西省交通运输厅,建议将其纳入不良信用记录。

项目经理部要建立全体劳务分包队伍和民工花名册及工资支付表,确保将工资直接发放给民工本人,严禁发放给"包工头"或其他不具备用工主体资格的组织和个人。

承包人的项目经理部还应建立劳务分包队伍和民工的电子档案,电子档案中应包含所有的劳务人员和民工。电子档案中至少应有劳务人员和民工的姓名、年龄、身份证号码、数码照片、家庭住址、施工班组名称及直系亲属联系人、劳务队伍负责人姓名和身份证号码。

工资支付表应如实记录支付单位、支付时间、支付对象、支付数额、支付对象的身份证号和签字等信息。

承包人的项目经理部每月应将劳务分包队伍和民工花名册、电子档案和工资支付表报监理人备查,劳务用工名单有变化的要及时更新。

本项(4)目细化为:

标段内路线与公路、河流等交叉,承包人应采取有效措施保证公路、河流畅通。如因承包人采取的措施不力,造成河道阻塞或者影响公路正常通行而给其他部门或个人造成的一切损失,或由上述原因造成本工程工期的拖延和(或)费用的增加,均由承包人承担。

承包人还应履行项目专用合同条款约定的其他义务。

4.2 履约担保

本款细化为:

承包人应在收到中标通知书后30天内并在签订合同协议书前,应按第二章"投标人须知"第7.3.1项规定的金额和形式向发包人提交履约担保。承包人应保证其履约担保在签订合同协议书之日起至签发工程交工证书后180日止一直有效,发包人应在履约担保有效期满后的28天内,在扣除违约金后将履约担保剩余部分一次性(履约担保不计银行利息)退还承包人。履约银行保函的正本由发包人保存,执行本款各项要求所需的费用由承包人承担。承包人应对其真实性负责。

4.3 分包

第4.3.2~4.3.4项细化为:

4.3.2~4.3.4 分包应满足交通运输部关于《印发公路工程施工分包管理办法的通知》(交公路发〔2011〕685号)和江西省交通运输厅相关的文件的规定。不允许分包的内容见项目专用合同条款。

4.5 承包人项目经理

第 4.5.5 项补充:

承包人项目经理、项目总工被撤换或者变更,发包人将根据《江西省公路施工企业信用评价实施细则》对其进行处理。

4.8 保障承包人人员的合法权益

第 4.8.4 项补充:

遇有国家突发公共卫生事件应有相应的管控措施和应急预案,采取上述管控措施和应急预案的费用应纳入相应子目的报价中,发包人不另行支付。

7. 交通运输

7.5 道路和桥梁的损坏责任

本款细化为:

除项目专用技术规范第 102.10 小节另有规定外,因承包人运输造成施工场地内外公共道路和桥梁损坏的,由承包人承担修复损坏的全部费用和可能引起的赔偿。

9. 施工安全、治安保卫和环境保护

9.2 承包人的施工安全责任

第 9.2.5 项细化为:

发包人根据财政部和国家安全生产监督管理总局联合下发的《关于印发〈企业安全生产费用提取和使用管理办法〉的通知》(企〔2012〕16 号)、原交通部下发的《公路水运工程安全生产监督管理办法》(交通部令 2007 年 1 号)的规定设置专项安全生产费用。安全生产费为招标人公布的最高投标限价的 1.5%。安全生产费应按照《江西省公路水运建设工程安全生产费用管理暂行规定》(赣交质监字〔2011〕9 号)等,用于施工安全防护用具及设施、设备的采购和更新、安全施工措施的落实、安全生产条件的改善、安全教育及应急预案的制定和演练等,不得挪作他用。如承包人在此基础上增加安全生产费用以满足项目施工需要,则承包人应在本项目工程量清单其他相关子目的单价或总额价中予以考虑,发包人不再另行支付。因采取合同未约定的特殊防护措施增加的费用,由监理人按第 3.5 款商定或确定。

第 9.2.8 项细化为:

承包人应充分关注和保障所有在现场工作的人员的安全,采取以下有效措施,使现场和本合同工程的实施保持有条不紊,以免上述人员的安全受到威胁。

(1)按《公路水运工程安全生产监督管理办法》规定设立安全生产管理机构,配置专职安全生产管理人员。主体工程(路基、路面等)承包人应当按照每5000万元施工合同额配备一名的比例配备专职安全生产管理人员,不足5000万元的至少配备一名;附属工程(房建、绿化等)承包人应按照《江西省安全生产条例》的要求配置专职安全生产管理人员;专职安全生产管理人员必须取得交通行政主管部门颁发的安全生产考核合格证书(C证)。发包人可能委托相关部门对承包人进行安全生产培训,相关费用包含在相应工程子目的单价或总额价中。

(2)承包人的垂直运输机械作业人员、施工船舶作业人员、爆破作业人员、安装拆卸工、起重信号工、电工、焊工等国家规定的特种作业人员,必须按照国家规定经过专门的安全作业培训,并取得特种作业操作资格证书后,方可上岗作业,同时应将上述人员的花名册、证件扫描件报监理人备查。

(3)所有施工机具设备和高空作业设备均应定期检查,并有安全员的签字记录。

(4)根据本项目各单位工程的施工特点,严格执行《公路水运工程安全生产监督管理办法》、《江西省安全生产条例》、《公路工程施工安全技术规程》、《公路筑养路机械操作规程》、交通运输部《关于建立公路水运工程建设安全监管长效机制的若干意见》(交质监发〔2009〕78号)、《公路水运工程施工企业项目负责人施工现场带班生产制度(暂行)》(交质监发〔2012〕576号)、《公路水运工程生产安全重大事故隐患挂牌督办制度(暂行)》(交质监发〔2012〕577号)以及《关于切实加强交通运输基础设施新一轮加快建设时期安全监管工作的紧急通知》(厅质监字〔2009〕92号)等国家、交通运输部、江西省有关安全的法律、法规的具体规定,开展"三项行动",切实加强"三项建设",实行安全生产全员、全过程、全方位管理。

(5)施工中使用的特种设备,必须符合《特种设备安全监察条例》、《江西省特种设备安全监察条例》的规定。

(6)发包人应制定"平安工地"建设活动实施细则,进行"平安工地"考核达标工作,组织对《交通运输部关于开展公路水运工程"平安工地"考核评价工作的通知》(交质监发〔2012〕679号)的宣贯培训,全面开展"平安工地"创建达标工作,并进行考核评价。承包人应严格执行《江西省公路水运工程"平安工地"建设活动达标标准》(赣交质监字〔2011〕11号)中关于安全生产的有关规定,根据自身职责落实《江西省交通基础设施隐患排查治理工作实施细则》的有关规定。在工程施工过程中,要扎实开展施工安全风险评估工作,开展"打非治违"专项行动和防坍塌专项整治活动,及时发现和整改安全隐患,切实维护人民群众生命财产安全。

(7)承包人应根据《生产经营单位安全生产事故应急预案编制导则》(AQ/T 9002—2006)的要求编制应急预案,并与上级交通运输主管部门和地方人民政府总体预案相衔接。

(8)承包人应落实危险源辨识和风险评价制度,建立《危险源及安全隐患排查治理制度》,对危险源进行辨识、识别、登记,进行风险分析、评价。

第 9.2.9 项细化为:

为了保护本合同工程免遭损坏,或为了现场附近和过往群众的安全与方便,在确有必要的时候和地方,或当监理人或有关主管部门要求时,承包人应自费提供照明、警卫、护栅、警告标志等安全防护设施,并符合交通运输部《高速公路施工标准化技术指南》、江西省交通运输厅《江西省高速公路项目标准化管理指南(试行)》(赣交基建字〔2011〕19 号)和《江西省公路水运工程"平安工地"建设活动达标标准》(赣交质监字〔2011〕11 号)的规定。

本款补充第 9.2.12 项:

9.2.12　承包人应当建立健全安全生产教育培训制度,按照国家法律、法规、规章和《江西省公路水运重点工程"一校、一会、一查、一志、一总"质量安全管理制度》(赣交质监字〔2010〕2 号),建立"一线工人业余学校",加强对管理人员、一线作业人员安全生产教育培训,强力推行运用《江西省交通建设一线作业人员岗前安全培训教材(试行)》(赣交质监字〔2011〕3 号)。加强对施工人员的安全教育,建立并不断完善施工安全管理制度,做好安全技术交底工作,层层落实安全责任。

9.4　环境保护

第 9.4.1 项细化为:

承包人在施工过程中,应遵守有关环境保护的法律,履行环境保护义务,加强对施工人员的环境保护教育和培训,建立健全环境保护保证体系,建立环境保护档案,做好技术交底,制定和完善施工环境保护岗位责任,并对违反法律和合同约定义务所造成的环境破坏、人身伤害和财产损失负责。

第 9.4.2 项细化为:

承包人应严格按照项目环境影响评价书落实相应环保措施,并按照项目环境影响报告书及水土保持方案和合同约定的环保工作内容,编制施工环保措施计划,报送监理人审批,并严格执行。

第 9.4.4 项补充:

(1)承包人在施工过程中应按交通运输部《高速公路施工标准化技术指南》、江西省交通运输厅《江西省高速公路项目标准化管理指南(试行)》(赣交基建字〔2011〕19 号)的要求将清理的表土和种植土集中堆放,保留种植土,并尽可能保护红线范围内的树木。在沿线服务区及管理区的场地平整施工过程中,承包人应按监理人的书面要求对原有植被进行保护,并在平整完毕后对场地进行恢复,未经监理人批准不得用于其他用途。

(2)承包人应配备专职环境保护工程师,负责施工期间的环境保护工作。环保工程师的配备应符合招标文件中相关要求;发包人可能委托相关部门对承包人进行环境保护培训,相关费用包含在相应工程子目的单价或总额价中。

(3)承包人在施工期间的环境保护与水土保持工作应符合江西省交通运输厅《江西

省高速公路项目标准化管理指南(试行)》(赣交基建字〔2011〕19号)中作出的各项要求。

(4)承包人采取上述各种措施所发生的一切费用均由承包人承担,相关费用包含在已标价工程量清单相应工程子目的单价或总额价中,发包人不另行支付。

第9.4.10项细化为:

在施工期间,承包人应严格遵守《关于在公路建设中实行最严格的耕地保护制度的若干意见》的相关规定,规范用地、科学用地、合理用地和节约用地。承包人应合理利用所占耕地地表的耕作层,用于重新造地。合理设置取土坑和弃土场,取土坑和弃土场的施工防护要符合要求,防止水土流失。承包人应提前7天将取土场或弃土场的环境保护措施和环境保护专项设计方案报监理人审批,方案须符合国家有关水土保持及环境保护和交通运输部《高速公路施工标准化技术指南》、江西省交通运输厅《江西省高速公路项目标准化管理指南(试行)》(赣交基建字〔2011〕19号)的有关要求(其中弃土场按"先挡后弃"的原则),严禁在指定的取(弃)土场以外的地方乱挖乱弃。取土场或弃土场使用结束后,承包人须按上述批准后的方案进行恢复工作并与当地政府办理权属移交手续。对恢复未达到上述方案规定的环境保护及恢复标准的取土场或弃土场,发包人有权委托其他承包人或第三方进行完善,在不解除本合同规定的承包人责任和义务的同时,承包人应承担因此所发生的一切费用(包括将来可能发生的第三者受损索赔费用),发包人有权从支付给承包人的任何款项中予以扣除。承包人应严格控制临时占地数量,施工便道、各种料场、预制场要根据工程进度统筹考虑,尽可能设置在公路用地范围内或利用荒坡、废弃地解决,不得占用农田,施工过程中要采取有效措施防止污染农田。

14. 试验和检验

补充第14.5款:

14.5　试验室

承包人的试验室所有仪器须由地(市)级及以上计量部门检定,并在工程实质性开工之前,应根据交通运输部《关于进一步加强公路水运工程工地试验室管理工作的意见》(厅质监字〔2009〕183号)、交通运输部《进一步加强和规范公路水运工程试验检测工作的若干意见》(交质监发〔2013〕114号)和江西省交通工程质量监督站《关于进一步加强工地试验室备案的通知》(赣交质资字〔2010〕05号)的相关要求取得临时资质。在未取得试验室临时资质之前,承包人用于施工的各项试验检测应委托具有国家或省(市、自治区)级交通主管部门核发的公路工程综合类试验检测乙级及以上资质且经监理人批准的试验室开展各项试验和检验工作,费用由承包人承担。承包人的试验室建设应按照《交通运输部办公厅关于印发工地实验室标准化建设要点的通知》(厅质监字〔2012〕200号)的要求,进行工地试验室标准化建设,试验室标准化建设所产生的费用由承包人承担。

15. 变更

15.3 变更程序

本款补充第15.3.5、15.3.6项:

15.3.5 变更程序还应执行江西省交通运输厅的相关规定。

15.3.6 变更工程最终支付的金额以经发包人上级主管部门确认的审计单位审计后的最终金额为准。

15.4 变更的估价原则

本款细化为:

变更单价均需得到发包人的批准。因变更引起的价格调整按照本款约定处理。

15.4.1 如果取消某项工作,则该项工作的总额价不予支付。

15.4.2 已标价工程量清单中有适用于变更工作的子目的,采用该子目的单价。

15.4.3 已标价工程量清单中无适用于变更工作的子目,而其他标段已标价工程量清单中含有,应采用本项目各标段已标价工程量清单该子目的加权平均价。

15.4.4 已标价工程量清单中无适用子目的单价,可在综合考虑承包人在投标时所提供的单价分析表的基础上,由监理人按第3.5项商定或确定变更工作的单价。

15.4.5 如果本工程的变更指示是因承包人过错、承包人违反合同或承包人责任造成的,则这种违约引起的任何额外费用应由承包人承担。

15.4.6 缺陷责任期内产生的变更,因环境与合同工期内相比发生了很大的改变,单价按第3.5项商定或确定重新定价。

16. 价格调整

16.1 物价波动引起的价格调整

本款细化为:

(1)除项目专用合同条款另有约定外,因物价波动引起的价格调整应按项目专用合同条款数据表的规定,按照第16.1.1项或第16.1.2项约定的原则处理。

(2)在合同执行期间(包括工期拖延期间),由于人工、材料和设备价格的上涨而引起工程施工成本增加的风险由承包人自行承担,合同价格不会因此而调整。

16.1.1 采用价格指数调整价格差额

16.1.1.1 价格调整公式

因人工、材料和设备等价格波动影响合同价格时,根据投标函附录中的价格指数和权重表约定的数据,按以下公式计算差额并调整合同价格。

$$\Delta P = P_0\left[A + \left(B_1 \times \frac{F_{t1}}{F_{01}} + B_2 \times \frac{F_{t2}}{F_{02}} + B_3 \times \frac{F_{t3}}{F_{03}} + \cdots + B_n \times \frac{F_{tn}}{F_{0n}}\right) - 1\right]$$

$$A = 1 - (B_1 + B_2 + B_3 + \cdots + B_n)$$

式中：ΔP——需调整的价格差额；

P_0——第 17.3.3 项、第 17.5.2 项和第 17.6.2 项约定的付款证书中承包人应得到的已完成工程量的金额。此项金额应不包括价格调整、不计质量保证金的扣留和支付、预付款的支付和扣回。第 15 条约定的变更及其他金额已按现行价格计价的，也不计在内；

A——定值权重（即不调部分的权重）；

B_1、B_2、B_3、…、B_n——各可调因子的变值权重（即可调部分的权重），为各可调因子在投标函投标总报价中所占的比例；

F_{t1}、F_{t2}、F_{t3}、…、F_{tn}——各可调因子的现行价格指数，指第 17.3.3 项、第 17.5.2 项和第 17.6.2 项约定的付款证书相关周期最后一天的前 42 天的各可调因子的价格指数；承包人在约定的合同工期内完工，监理人签发付款证书的前 42 天如晚于约定的合同工期，则按约定的合同工期时的各可调因子的价格指数；

F_{01}、F_{02}、F_{03}、…、F_{0n}——各可调因子的基本价格指数，指基准日期的各可调因子的价格指数。

在采用价格调整公式进行调价时，还应遵守以下规定：

（1）以上价格调整公式中的各可调因子、定值权重，以及基本价格指数及其来源，由发包人在投标函附录价格指数和权重表中约定。价格指数应首先采用国家或省、自治区、直辖市价格部门或统计部门提供的价格指数，缺乏上述价格指数时，可采用上述部门提供的价格代替。

（2）价格调整公式中的变值权重，由发包人根据项目实际情况测算确定范围，并在投标函附录价格指数和权重表中约定范围；承包人在投标时在此范围内填写各可调因子的权重，合同实施期间将按此权重进行调价。

16.1.1.2 暂时确定调整差额

在计算调整差额时得不到现行价格指数的，可暂用上一次价格指数计算，并在以后的付款中再按实际价格指数进行调整。

16.1.1.3 权重的调整

按第 15.1 款约定的变更导致原定合同中的权重不合理时，由监理人与承包人和发包人协商后进行调整。

16.1.1.4 承包人工期延误后的价格调整

由于承包人原因未在约定的工期内竣工的，则对原约定竣工日期后继续施工的工程，在使用第 16.1.1.1 目价格调整公式时，应采用原约定竣工日期与实际竣工日期的两个价格指数中较低的一个作为现行价格指数。

16.1.2　采用造价信息调整价格差额

本项目在合同执行期间,调价原则及计算方法如下:

16.1.2.1　调差材料

调差的主要材料指交通安全设施施工招标中钢管立柱(包括护栏钢管立柱和标志标牌钢管立柱)、波形钢板。

根据项目实际情况,各项目具体的调差材料在项目专用合同条款中明确,但不得超出上述范围。

16.1.2.2　调差材料数量的确定

"16.1.2.1目"中材料均指用于建设项目的实体工程所消耗的主要材料,临时工程、临时设施其材料消耗均不纳入材料调差调整范围。数量计算的具体原则应在项目专用合同条款中具体明确。

16.1.2.3　调价计算方法

(1)价差(ΔC):各项目可根据项目实际情况,在以下参考值1、2中进行选取一种(绝对值)。

参考值1:$\Delta C = C_i(i=1,\cdots,n) - C_o$,$i$指采购时间。

基准价(C_o):指项目招标时交通部门工程造价管理机构发布的同期[前1个双月(月)]信息价,如项目或标段跨两个地级市以上的,按权重取平均值计算。

信息价(C_i):指采购材料时交通部门工程造价管理机构发布的当期双月(月)信息价,如项目或标段跨两个地级市以上的,按权重取平均值计算。

参考值2:$\Delta C = C_a - C_o$。

基准价(C_o):指项目招投标时,工程量清单业主控制价或经审查的施工图预算的材料价格。

采购价(C_a):经项目业主、监理核实的实际采购合同材料价格,分批采购时按权重取平均值计算。

(2)数量(V):指实际到工地的数量(按交通部门工程造价管理机构发布信息价对应时段,监理工程师现场核定的进场材料数量确定),但调差材料总量不应超过预算定额消耗量。

(3)调整风险系数$r = \pm 3(r = \Delta C / C_o)$。

(4)价差调整费用(ΔC_t):$\Delta C_t = \pm(|\Delta C| - C_o \times |r\%|) \times V$(材料价格上涨时取正值,材料价格下跌时取负值)。

(5)税费计算:超过基准价(C_o)的价差为材料价格变化产生的调整费用,不应再计算材料采购及保管费、营业税及其附加、所得税、管理费等费用;实际结算时材料价差调整费用应小于等于ΔC_t。

16.1.2.4　调价程序

由承包人按月以标段为单元计算调价材料数量,提出调价申请后,由监理人进行核实并签署意见报发包人。发包人进行核查后根据调价原则及计算方法按程序办理相关手续。

17. 计量与支付

17.2　预付款

第 17.2.2 项细化为:

承包人应在申请开工预付款前向发包人提交开工预付款保函,开工预付款保函的担保金额应与开工预付款金额相同。出具保函的银行须与前述第 4.2 款的要求相同,所需费用由承包人承担。银行保函的正本由发包人保存,承包人应保证该保函在发包人将开工预付款全部扣回之前一直有效,担保金额可根据开工预付款扣回的金额相应递减。开工预付款全部扣回后,保函正本不退还承包人,由此带来的费用已包含在相关子目报价中。承包人应对其真实性负责。

17.4　质量保证金

第 17.4.1 项约定为:

监理人应从第一个付款周期开始,在发包人的进度付款中,按项目专用合同条款数据表规定的百分比扣留质量保证金,直至扣留的质量保证金达到项目专用合同条款数据表规定的限额为止。

监理人应从第一个付款周期开始,在发包人的进度付款中,按项目专用合同条款数据表规定的百分比扣留农民工工资保障金,直至扣留的农民工工资保障金达到项目专用合同条款数据表规定的限额为止,但扣留的农民工工资保障金总额不得超过签约合同价总额的 2%。

质量保证金和农民工工资保障金的计算额度不包括预付款的支付以及扣回的金额。

第 17.4.2 项补充:

农民工工资保障金的返还:农民工工资保障金按项目专用合同条款的约定返还。

17.6　最终结清

17.6.2 最终结清证书和支付时间

(1)目文末增加:

最终结清金额以经发包人上级主管部门确认的审计单位审计后的最终金额为准。

18. 交工验收

本条细化为:

18. 交(竣)工验收

18.1 交(竣)工验收的含义

18.1.1 交工验收指承包人完成了全部合同工作后,发包人按合同要求组织的验收。

18.1.2 竣工验收是政府有关部门根据法律、规范、规程和政策要求,针对发包人全面组织实施的整个工程正式交付投运前的验收。

18.1.3 需要进行竣工验收的,交工验收是竣工验收的一部分。交工验收所采用的各项验收和评定标准应符合竣工验收标准。发包人和承包人为交工验收提供的各项交工验收资料应符合竣工验收的要求。

18.2 交工验收申请报告

当工程具备以下条件时,承包人即可向监理人报送交工验收申请报告:

(1)除监理人同意列入缺陷责任期内完成的尾工(甩项)工程的缺陷修补工作外,合同范围内的全部单位工程及有关工作,包括合同要求的试验、试运行以及检验和验收均已完成,并符合合同要求。

(2)承包人按《公路工程质量检验评定标准》(JTG F80—2004)及相关规定的要求对工程质量自检合格。

(3)竣工资料的内容:承包人应按照《公路工程竣(交)工验收办法》、交通运输厅《关于印发江西省建设项目文件材料立卷归档管理办法(试行)的通知》(赣交办字〔2011〕8号)和本项目《竣工文件编制办法》的规定编制竣工资料。

竣工资料的份数:6份。

(4)已按监理人的要求编制了在缺陷责任期内完成的尾工(甩项)工程和缺陷修补工作清单以及相应施工计划。

(5)监理人要求在交工验收前应完成的其他工作。

(6)监理人要求提交的竣工验收资料清单。

18.3 交工验收

监理人收到承包人按项目专用合同条款第18.2款约定提交的交工验收申请报告后,应审查申请报告的各项内容,并按以下不同情况进行处理。

18.3.1 监理人审查后认为尚不具备交工验收条件的,应在收到交工验收申请报告后的28天内通知承包人,指出交工验收前承包人还需进行的工作内容。承包人完成监理人通知的全部工作内容后,应再次提交交工验收申请报告,直至监理人同意为止。

18.3.2 监理人审查后认为已具备交工验收条件的,应在收到交工验收申请报告后的28天内提请发包人进行工程验收。发包人负责组织工程标段的设计单位、监理人、承包人等参加交工验收。拟交付使用的工程,应邀请运营、养护管理单位参加。

18.3.3　发包人经过验收后同意接收工程的,向承包人出具“公路工程交工验收证书”。发包人验收后同意接收工程但提出整修和完善要求的,限期修好,并缓发“交工验收证书”。整修和完善工作完成后,监理人复查达到要求的,再向承包人出具“交工验收证书”。

18.3.4　发包人验收后不同意接收工程的,监理人应按照发包人的验收意见发出指示,要求承包人对不合格工程认真返工或进行补救处理,并承担由此产生的费用。承包人在完成不合格工程的返工或补救工作后,应重新提交交工验收申请报告,按项目专用合同条款第18.3.1~18.3.3项的约定进行。

18.3.5　经验收合格工程的实际交工日期,以交工验收小组决定签发“交工验收证书”的日期为准,并在证书中写明。

18.3.6　发包人已出具“交工验收证书”的工程不能立即移交管养时,承包人仍应继续负责工程照管和养护。监理人在与承包人和发包人协商后,应确定与此相关的工程照管与养护费用补偿额并加到合同价格上,通知承包人,抄送发包人。

18.3.7　组织办理交工验收和签发交工验收证书的费用由发包人承担。但按照第18.3.4项规定达不到合格标准的交工验收费用由承包人承担。

18.3.8　当建设项目工程全部完工并合格地通过交工验收后,发包人应及时完成本项目“公路工程交工验收报告”,向江西省交通运输厅备案。

18.4　单位工程验收

18.4.1　发包人根据合同进度计划安排,在全部工程竣工前需要使用已经竣工的单位工程时,或承包人提出经发包人同意时,可进行单位工程验收。验收的程序可参照第18.2款与第18.3款的约定进行。验收合格后,由监理人向承包人出具经发包人签认的单位工程验收证书。已签发单位工程接收证书的单位工程由发包人负责照管。单位工程的验收成果和结论作为全部工程竣工验收申请报告的附件。

18.4.2　发包人在全部工程竣工前,使用已接收的单位工程导致承包人费用增加的,发包人应承担由此增加的费用和(或)工期延误,并支付承包人合理利润。

18.5　施工期运行

18.5.1　施工期运行是指合同工程尚未全部竣工,其中某项或某几项单位工程或工程设备安装已竣工,根据项目专用合同条款约定,需要投入施工期运行的,经发包人按第18.4款的约定验收合格,证明能确保安全后,才能在施工期投入运行。

18.5.2　在施工期运行中发现工程或工程设备损坏或存在缺陷的,由承包人按第19.2款约定进行修复。

18.6　试运行

18.6.1　除项目专用合同条款另有约定外,承包人应按项目专用合同条款约定进行工程及工程设备试运行,负责提供试运行所需的人员、器材和必要的条件,并承担全部试运行费用。

18.6.2 由于承包人的原因导致试运行失败的,承包人应采取措施保证试运行合格,并承担相应费用。由于发包人的原因导致试运行失败的,承包人应当采取措施保证试运行合格,发包人应承担由此产生的费用,并支付承包人合理利润。

18.7 竣工清场

18.7.1 工程"交工验收证书"颁发后,承包人应按以下要求对施工场地进行清理,直至监理人检验合格为止。竣工清场费用由承包人承担。

(1)施工场地内残留的垃圾已全部清除出场。

(2)临时工程已拆除,场地已按合同要求进行清理、平整或复原。

(3)按合同约定应撤离的承包人设备和剩余的材料,包括废弃的施工设备和材料,已按计划撤离施工场地。

(4)工程建筑物周边及其附近道路、河道的施工堆积物,已按监理人指示全部清理。

(5)监理人指示的其他场地清理工作已全部完成。

18.7.2 承包人未按监理人的要求恢复临时占地,或者场地清理未达到合同约定的,发包人有权委托其他人恢复或清理,所发生的金额从拟支付给承包人的款项中扣除。

18.8 施工队伍的撤离

"交工验收证书"颁发后的56天内,除了经监理人同意需要缺陷责任期内继续工作和使用的人员、施工设备和临时工工程外,其余的人员、施工设备和临时工程均应撤离施工场地或拆除。除合同另有约定外,缺陷责任期满时,承包人的人员和施工设备应全部撤离施工场地。

18.9 竣工文件

承包人应按照《公路工程竣(交)工验收办法》、交通运输厅《关于印发江西省建设项目文件材料立卷归档管理办法(试行)的通知》(赣交办字〔2011〕8号)和本项目《竣工文件编制办法》的规定,在缺陷责任期内为竣工验收补充竣工资料,并在签发缺陷责任期终止证书之前提交。

18.10 竣工验收与鉴定书

承包人完成尾工(甩项)工程和缺陷修补工作并经监理人验收合格后,具备竣工验收条件时,发包人向江西省交通运输厅提出竣工验收申请。江西省交通运输厅组织本项目竣工验收。竣工验收委员会由江西省交通运输厅、公路管理机构、质量监督机构、造价管理机构等单位代表组成。竣工验收委员会负责对工程实体质量及建设情况进行全面检查。对工程质量进行评分,对各参建单位及建设项目进行综合评价,确定工程质量和建设项目等级，形成本项目工程竣工验收鉴定书。质量监督机构依据竣工验收结论，对承包人和其他参建单位签发“公路工程参建单位工作综合评价等级证书”。

组织办理竣工验收的费用，由发包人承担。

19. 缺陷责任与保修责任

19.3　缺陷责任期的延长

本款细化为：

由于承包人原因造成某项缺陷或损坏使某项工程或工程设备不能按原定目标使用而需要再次检查、检验和修复的，发包人有权要求承包人相应延长缺陷责任期。

补充第25条：

25. 其他约定

25.1　工程检查、研究试验、项目审计和稽查等工作的配合

25.1.1　当有关单位或领导对本项目进行各种检查和视察时，承包人应按监理人和发包人要求积极配合开展各项工作。

25.1.2　承包人必须按照《中华人民共和国会计法》的要求，依法设置会计账簿，对所承担的业务进行正确核算，并接受和配合国家审计机关在对发包人进行审计时需要延伸至承包人的审计工作。与本项目相关的审计和稽查，承包人必须高度重视，并委派专人积极配合工作，对审计和稽查的有关意见承包人必须无条件地接受，并及时整改。

25.1.3　承包人应积极配合监理人和发包人做好有关本项目的各类统计报表和汇报材料（包括项目后评价报告）的编制工作，并提供相应的资料。

25.1.4　承包人应根据监理人的指示，建立与发包人和监理人配套的工程变更、计量、支付及电子报表等项目信息管理系统及内业资料整理归档，由发包人统一实施，以确保三方的方案一致，要求保持其持续有效直至本项目决算完成。

25.1.5　承包人应遵照《江西省交通运输厅关于推行高速公路建设项目“十二公开”的规定》，做好相关的各项工作。

C. 项目专用合同条款

说明:

1. 招标人在根据《标准施工招标文件》、《公路工程标准施工招标文件》、江西省公路工程专用合同条款编制项目招标文件中的“项目专用合同条款”时,可根据招标项目的具体特点和实际需要,对“通用合同条款”及“公路工程专用合同条款”、江西省公路工程专用合同条款进行补充和细化,除“通用合同条款”明确“专用合同条款”可作出不同约定及“公路工程专用合同条款”明确“项目专用合同条款”可作出不同约定外,补充和细化的内容不得与“通用合同条款”及“公路工程专用合同条款”、江西省公路工程专用合同条款规定相抵触。同时,补充、细化的不同内容,不得违反法律、行政法规的强制性规定和平等、自愿、公平和诚实信用原则。

2. 项目专用合同条款的编号应与通用合同条款和公路工程专用合同条款、江西省公路工程专用合同条款一致。

3. 项目专用合同条款可对下列内容进行补充和细化:

(1)“通用合同条款”中明确指出“专用合同条款”可对“通用合同条款”进行修改的内容(在“通用合同条款”中用“应按合同约定”、“应按专用合同条款约定”、“除合同另有约定外”、“除专用合同条款另有约定外”、“在专用合同条款中约定”等多种文字形式表达);

(2)“公路工程专用合同条款”中明确指出“项目专用合同条款”可对“公路工程专用合同条款”进行修改的内容(在“公路工程专用合同条款”中用“除项目专用合同条款里有约定外”、“项目专用合同条款可能约定的”、“项目专用合同条款约定的其他情形”等多种文字形式表达);

(3)“江西省公路工程专用合同条款”中明确指出“项目专用合同条款”可对“江西省公路工程专用合同条款”进行修改的内容(在“江西省公路工程专用合同条款”中用“除项目专用合同条款里有约定外”、“项目专用合同条款可能约定的”、“项目专用合同条款约定的其他情形”等多种文字形式表达);

(4)其他需要补充、细化的内容。

项目专用条款数据表

说明：本数据表是项目专用合同条款中适用于本项目的信息和数据的归纳与提示，是项目专用合同条款的组成部分。第八章“招标文件格式”的投标函附录中的数据（供投标人确认）与本表所列有重复。编写招标文件的单位应仔细校核，不使数据出现差错或不一致。

序号	条款号	信息或数据
1	1.1.2.2	发包人： 地　　址：　　　　　　　　　　邮政编码：
2	1.1.2.6	监理人： 地　　址：　　　　　　　　　　邮政编码：
3	1.1.4.5	缺陷责任期：自实际交工日期起计算______年[①]
4	1.6.3	图纸需要修改和补充的，应由监理人取得发包人同意后，在该项工程或工程相应部位施工前____天签发图纸修改图给承包人
5	3.1.1	监理人在行使下列权利前需要经发包人事先批准： （6）根据第15.3款发出的变更指示，其单项工程变更涉及的金额超过了该单项工程签约时合同价的____%或累计变更超过了签约合同价的____%
6	5.2.1	发包人是否提供材料或工程设备：是或否 如发包人负责提供部分材料或工程设备，相关规定如下：________
7	6.2	发包人是否提供施工设备和临时设施：是或否 如发包人负责提供部分施工设备和临时设施，相关规定如下：________
8	8.1.1	发包人提供测量基准点、基准先和水准点及其书面资料的期限：______ 承包人将施工控制网资料报送监理人审批的期限：________
9	11.5	逾期交工违约金：____元/天
10	11.5	逾期交工违约金限额：____%签约合同价[②]
11	15.5.2	承包人提出的合理化建议降低了合同价格或者提高了工程经济效益的，发包人按所节约成本的____%或增加收益的____%给予奖励
12	16.1	□因物价波动引起的价格调整按照第16.1.1或16.1.2项约定的原则处理 若按第16.1.1项的约定采用价格调整公式进行调价，每期计量时按价格调整公式进行一次调整 □合同期内不调价[③]
13	17.2.1	开工预付款金额：____%签约合同价[④]

① 缺陷责任期一般应为自实际交工日期起计算2年。

② 逾期交工违约金限额一般应为10%签约合同价。

③ 对于工程规模不大、工期较短的工程（例如工期不超过12个月），可以不进行调价。

④ 开工预付款金额一般应为10%签约合同价。

续上表

序号	条款号	信 息 或 数 据
14	17.2.1	材料、设备预付款比例:____等主要材料、设备单据所列费用的____%[①]
15	17.3.2	承包人在每个付款周期末向监理人提交进度付款申请单的份数:____份
16	17.3.3(1)	进度付款证书最低限额的____%签约合同价[②]或____万元
17	17.3.3(2)	逾期付款违约金的利率:____‰/天[③]
18	17.4.1	质量保证金百分比:月支付额的____% 农民工工资保障金:月支付额的____%
19	17.4.1	质量保证金限额:____%合同价格[④],若交工验收时承包人具备被招标项目所在地省级交通主管部门评价的最高信用等级,发包人给予____%合同价格质量保证金的优惠,并在交工验收时向承包人返还质量保证金优惠的金额[⑤]。 农民工工资保障金限额:____%合同价格
20	17.5.1	承包人向监理人提交交工付款申请单(包括相关证明材料)的份数:____份
21	17.6.1	承包人向监理人提交最终结清申请单(包括相关证明材料)的份数:____份
22	18.5.1	单位工程或工程设备是否需投入施工期运行:是或否 如单位工程或工程设备需要进行施工期运行,需要施工期运行的单位工程或工程设备规定如下:____
23	18.6.1	本工程及工程设备是否进行试运行:是或否 如本工程及工程设备需要进行试运行,试运行的具体规定如下:______
24	19.7	保修期:自实际交工日期起计算____年[⑥]
25	20.1	建筑工程一切险的保险费率:____‰
26	20.4.2	第三者责任险的最低投保金额:____万元人民币,事故次数不限(不计免赔额)。 保险费率:______‰
27	24.1	争议的最终解决方式:仲裁或诉讼 如采用仲裁,仲裁委员会名称:__________

① 指主要材料,一般应为70%～75%,最低不少于60%。

② 国际上一般按月平均支付额的0.3～0.5计算,我国可按0.2～0.3计,以利承包人资金周转。

③ 相当于中国人民银行短期贷款利率加手续费。招标人不能自行取消本项内容或降低利率。

④ 质量保证金一般不超过合同价格的5%。

⑤ 若交工验收时承包人具备被招标项目所在地省级交通主管部门评价的最高信用等级,发包人可在质量保证金方面给予一定的奖励,例如发包人可给予承包人2%合同价格质量保证金的优惠,并在交工验收时向承包人返还质量保证金优惠的金额,具体优惠幅度由发包人自行确定。

⑥ 保修期一般应为自实际交工日期起计算5年。

项目专用合同条款

说明:本部分所列的项目专用合同条款是对“通用合同条款”、“公路工程专用合同条款”、“江西省公路工程专用合同条款”中规定必须在项目专用合同条款中明确的内容的集中,招标人编制的“项目专用合同条款”不限于本部分所列内容。

4. 承包人

4.1　承包人的一般义务

4.1.10(4)承包人还应履行项目专用条款约定的其他义务:__________________
填写除国标、部标、省标中约定的其他义务。

4.3　分包

4.3.2　不允许分包的内容:__________________
填写本项目不允许分包给第三人的主体、关键性工作。

4.11　不利物质条件

4.11.1　不利物质条件的范围:__________________
招标人依据行业管理规定和项目特点,填写本项目不利物质条件的具体范围。

9. 施工安全、治安保卫和环境保护

9.3　治安保卫

9.3.1　现场治安管理机构或联防组织的组建:__________________________
合同约定由承包人与当地公安部门协商,在现场建立治安管理机构或联防组织的,此处填写承包人。

9.3.3　施工场地治安管理计划和突发治安事件紧急预案的编制:____________
合同约定由承包人或发包人单独编制施工场地治安管理计划和突发治安事件紧急预案的,此处填写承包人或发包人。

10. 进度计划

10.1　合同进度计划

承包人编制施工方案的内容:____________________________________
填写需编制施工顺序和方法要点的分部、分项工程或工程部位的名称。

11. 开工和竣工

11.4 异常恶劣的气候条件

异常恶劣的气候条件的范围:________________

填写项目所在地异常恶劣的气候条件的具体范围;如20年一遇的最大降水(雪)量、最高(低)温度等。

12. 暂停施工

12.1 承包人暂停施工的责任

12.1(6)承包人承担暂停施工责任的其他情形:________________

填写通用合同条款第12.1款前4项以外的,由承包人承担暂停施工责任的其他情形。

15. 变更

15.8 暂估价

15.8.1 发包人、承包人在采用招标方式选择供应商或分包人时的权利与义务:________________

填写发包人、承包人在采用招标方式选择供应商或分包人时,合同双方权利义务的划分,如编制招标文件、组织招标、评标、确定中标人、合同谈判等事项及其相关费用的分担办法。

15.8.3 不属于依法必须招标的暂估价工程最终价格的估价人:________________

当事人可在此约定由发包人对不属于依法必须招标的暂估价工程最终价格进行估价的,此处填写发包人。

16. 价格调整

16.1 物价波动引起的价格调整

16.1.2.1 本项目调差的主要材料包括:________________

16.1.2.2 本项目调差材料数量计算的具体原则:________________

17. 计量与支付

17.4　质量保证金

17.4.2　农民工工资保障金的返还：________________

21. 不可抗力

21.1　不可抗力的确认

21.1.1(6)不可抗力的其他情形：________________

填写不可抗力范围和条件。

22. 违约

22.1　承包人违约

22.1.2　当承包人发生第22.1.1项约定的违约情况时，发包人有权向承包人课以违约金，具体约定如下：________________

填写承包人违约时，发包人课以违约金的具体规定。

……

第三节　合同附件格式

附件一　合同协议书

合同协议书

________（发包人名称，以下简称“发包人”）为实施________________（项目名称），已接受________（承包人名称，以下简称“承包人”）对该项目____标段施工的投标。发包人和承包人共同达成如下协议。

1. 第____标段包括 K____ + ____至 K____ + ____，长约____km 的交通安全设施工程，公路等级为____，设计时速为____，主要工程内容包含____________________等。（适用于交通安全设施工程）

2. 第____标段的主要工程内容包括__________________的绿化工程。（适用于绿化工程）

3. 下列文件应视为构成合同文件的组成部分：

（1）合同协议书及各种合同附件（含评标期间和合同谈判过程中的澄清文件和补充资料）。

（2）中标通知书。

（3）投标函和投标函附录、投标报价函、价格指数和权重表（如有）。

（4）项目专用合同条款（含招标文件补遗书中与此有关的部分）。

（5）项目专用技术规范（含招标文件补遗书中与此有关的部分）。

（6）江西省公路工程专用合同条款。

（7）江西省公路工程专用技术规范。

（8）《公路工程标准施工招标文件》（2009 年版）中的公路工程专用合同条款。

（9）《公路工程标准施工招标文件》（2009 年版）公路工程技术规范。

（10）《标准施工招标文件》（2007 年版）中的通用合同条款。

（11）图纸（含招标文件补遗书中与此有关的部分）。

（12）已标价工程量清单。

（13）投标文件（不含施工组织设计）。

（14）《高速公路施工标准化技术指南》、《江西省高速公路项目标准化管理指南（试行）》（赣交基建字〔2011〕19 号）、《江西省高速公路施工质量控制要点》（赣交质监字〔2011〕1 号）、《江西省公路水运工程“平安工地”建设活动达标标准》（赣交质监字〔2011〕11 号）。

（15）其他合同文件。

4. 上述文件互相补充和解释，如有不明确或不一致之处，以合同约定次序在先者为准。

5. 根据工程量清单所列的预计数量和单价或总额价计算的签约合同价：人民币（大写）________元（￥________）。

6. 承包人项目经理:________。承包人项目总工:________。

7. 工程质量符合________标准。

8. 承包人承诺按合同约定承担工程的实施、完成及缺陷修复。

9. 发包人承诺按合同约定的条件、时间和方式向承包人支付合同价款。

10. 承包人应按照监理人指示开工,工期为______日历天。

11. 本协议书在承包人提供履约担保后,由双方法定代表人或其委托代理人签署并加盖单位章后生效。全部工程完工后经竣交工验收合格、缺陷责任期满签发缺陷责任终止证书后失效。

12. 本协议书正本两份、副本____份,合同双方各执正本一份,副本____份,当正本与副本的内容不一致时,以正本为准。

13. 合同未尽事宜,双方另行签订补充协议。补充协议是合同的组成部分。

发包人:________________(盖单位章)	承包人:________________(盖单位章)
法定代表人或其委托代理人:____(签字)	法定代表人或其委托代理人:____(签字)
_____年____月____日	_____年____月____日

附件二 廉政合同

廉 政 合 同

根据《关于在交通基础设施建设中加强廉政建设的若干意见》以及有关工程建设、廉政建设的规定，为做好工程建设中的党风廉政建设，保证工程建设高效优质，保证建设资金的安全和有效使用以及投资效益，____（项目名称）项目法人__________（项目法人名称，以下简称“发包人”）与该项目____标段的施工单位______（施工单位名称，以下简称“承包人”），特订立如下合同。

1. 发包人和承包人双方的权利和义务

（1）严格遵守党的政策规定和国家有关法律法规及交通运输部的有关规定。

（2）严格执行____（项目名称）______标段施工合同文件，自觉按合同办事。

（3）双方的业务活动坚持公开、公正、诚信、透明的原则（法律认定的商业秘密和合同文件另有规定除外），不得损害国家和集体利益，不得违反工程建设管理规章制度。

（4）建立健全廉政制度，开展廉政教育，设立廉政告示牌，公布举报电话，监督并认真查处违法违纪行为。

（5）发现对方在业务活动中有违反廉政规定的行为，有及时提醒对方纠正的权利和义务。

（6）发现对方严重违反本合同义务条款的行为，有向其上级有关部门举报、建议给予处理并要求告知处理结果的权利。

2. 发包人的义务

（1）发包人及其工作人员不得索要或接受承包人的礼金、有价证券和贵重物品，不得让承包人报销任何应由发包人或发包人工作人员个人支付的费用等。

（2）发包人工作人员不得参加承包人安排的超标准宴请和娱乐活动；不得接受承包人提供的通信工具、交通工具和高档办公用品等。

（3）发包人及其工作人员不利要求或者接受承包人为其住房装修、婚丧嫁娶活动、配偶子女的工作安排以及出国出境、旅游等提供方便等。

（4）发包人工作人员及其配偶、子女不得从事与发包人工作有关的材料设备供应、工程分包、劳务等经济活动等。

（5）发包人及其工作人员不得以任何理由向承包人推荐分包单位或推销材料，不得要求承包人购买合同规定外的材料和设备。

（6）发包人工作人员要秉公办事，不准营私舞弊，不准利用职权从事各种个人有偿中介活动和安排个人施工队伍。

3. 承包人的义务

（1）承包人不得以任何理由向发包人及其工作人员行贿或馈赠礼金、有价证券、贵重礼品。

(2)承包人不得以任何名义为发包人及其工作人员报销应由发包人单位或个人支付的任何费用。

(3)承包人不得以任何理由安排发包人工作人员参加超标准宴请及娱乐活动。

(4)承包人不得为发包人单位和个人购置或提供通信工具、交通工具和高档办公用品等。

4. 违约责任

(1)发包人及其工作人员违反本合同第 1、2 条,按管理权限,依据有关规定给予党纪、政纪或组织处理;涉嫌犯罪的,移交司法机关追究刑事责任;给承包人单位造成经济损失的,应予以赔偿。

(2)承包人及其工作人员违反本合同第 1、3 条,按管理权限,依据有关规定给予党纪、政纪或组织处理;给发包人单位造成经济损失的,应予以赔偿;情节严重的,发包人建议交通主管部门给予承包人一至三年内不得进入其主管的公路建设市场的处罚。

5. 双方约定:本合同由双方或双方上级单位的纪检监察部门负责监督执行。由发包人或发包人上级单位的纪检监察部门约请承包人或承包人上级单位纪检监察部门对本合同执行情况进行检查,提出在本合同规定范围内的裁定意见。

6. 本合同有效期为发包人和承包人签署之日起至该工程项目竣工验收后止。

7. 本合同作为____(项目名称)____标段施工合同的附件,与工程施工合同具有同等的法律效力,经合同双方签署后立即生效。

8. 本合同一式四份,由发包人和承包人各执一份,送交发包人和承包人的监督单位各一份。

发包人:________________(盖单位章)　承包人:________________(盖单位章)

法定代表人或其委托代理人:____(签字)　法定代表人或其委托代理人:____(签字)

_____年___月___日　_____年___月___日

发包人监督单位:(全称)　(盖单位章)　承包人监督单位:(全称)　(盖单位章)

附件三　安全生产合同

安全生产合同

为在______（项目名称）____（标段）施工合同的实施过程中创造安全、高效的施工环境，切实搞好本项目的安全管理工作，本项目发包人____（发包人名称，以下简称“发包人”）与承包人____（承包人名称，以下简称“承包人”）特此签订安全生产合同：

1. 发包人职责

（1）严格遵守国家有关安全生产的法律法规，认真执行工程承包合同中的有关安全要求。

（2）按照“安全第一、预防为主、综合治理”和坚持“管生产必须管安全”的原则进行安全生产管理，做到生产与安全工作同时计划、布置、检查、总结和评比。

（3）重要的安全设施必须坚持与主体工程“三同时”的原则，即：同时设计、审批，同时施工，同时验收，投入使用。

（4）定期召开安全生产调度会，及时传达中央及地方有关安全生产的精神。

（5）组织对承包人施工现场安全生产检查，监督承包人及时处理发现的各种安全隐患。

2. 承包人职责

（1）严格遵守《中华人民共和国安全生产法》、《建设工程安全生产管理条例》等国家有关安全生产的法律法规、《公路水运工程安全生产监督管理办法》、《公路工程施工安全技术规程》和《公路筑养路机械操作规程》等有关安全生产的规定。认真执行工程承包合同中的有关安全要求。

（2）坚持“安全第一、预防为主、综合治理”和“管生产必须管安全”的原则，加强安全生产宣传教育，增强全员安全生产意识，建立健全各项安全生产的管理机构和安全生产管理制度，配备专职及兼职安全检查人员，有组织有领导地开展安全生产活动。各级领导、工程技术人员、生产管理人员和具体操作人员，必须熟悉和遵守本合同的各项规定，做到生产与安全工作同时计划、布置、检查、总结和评比。

（3）建立健全安全生产责任制。从派往项目实施的项目经理到生产工人（包括临时雇请的民工）的安全生产管理系统必须做到纵向到底，一环不漏；各职能部门、人员的安全生产责任制做到横向到边，人人有责。项目经理是安全生产的第一责任人。现场设置的安全机构，应按《公路水运工程安全生产监督管理办法》规定的最低数量和资质条件配备专职安全生产管理人员，专职负责所有员工的安全和治安保卫工作及预防事故的发生。安全机构人员有权按有关规定发布指令，并采取保护性措施防止事故发生。

（4）承包人在任何时候都应采取各种合理的预防措施，防止其员工发生任何违法、违禁、暴力或妨碍治安的行为。

（5）承包人必须具有劳动安全管理部门颁发的安全生产考核合格证书，参加施工的人员,必须接受安全技术教育,熟知和遵守本工种的各项安全技术操作规程,定期进行安全技术考核,合格者方准上岗操作。对于从事电气、起重、建筑登高架设作业、锅炉、压力容器、焊接、机动车船艇驾驶、爆破、潜水、瓦斯检验等特殊工种的人员,经过专业培训,获得《安全操作合格证》后,方准持证上岗。施工现场如出现特种作业无证操作现象时,项目经理必须承担管理责任。

(6)对于易燃易爆的材料除应专门妥善保管之外,还应配备有足够的消防设施,所有施工人员都应熟悉消防设备的性能和使用方法;承包人不得将任何种类的爆炸物给予、易货或以其他方式转让给任何其他人,或允许、容忍上述同样行为。

(7)操作人员上岗,必须按规定穿戴防护用品。施工负责人和安全检查员应随时检查劳动防护用品的穿戴情况,不按规定穿戴防护用品的人员不得上岗。

(8)所有施工机具设备和高空作业的设备均应定期检查,并有安全员的签字记录,保证其经常处于完好状态;不合格的机具、设备和劳动保护用品严禁使用。

(9)施工中采用新技术、新工艺、新设备、新材料时,必须制定相应的安全技术措施,施工现场必须具有相关的安全标志牌。

(10)承包人必须按照本工程项目特点,组织制定本工程实施中的生产安全事故应急救援预案;如果发生安全事故,应按照《国务院关于特大安全事故行政责任追究的规定》以及其他有关规定,及时上报有关部门,并坚持"四不放过"的原则,严肃处理相关责任人。

(11)安全生产费用按照《公路水运工程安全生产监督管理办法》的相关规定使用和管理。

3. 违约责任

如因发包人或承包人违约造成安全事故,将依法追究责任。

4. 本合同由双方法定代表人或其授权的代理人签署并加盖单位章后生效,全部工程竣工验收后失效。

5. 本合同正本一式两份,副本____份,合同双方各执正本一份,副本____份,当正本与副本的内容不一致时,以正本为准。

发包人:________________(盖单位章)	承包人:________________(盖单位章)
法定代表人或其委托代理人:____(签字)	法定代表人或其委托代理人:____(签字)
______年____月____日	______年____月____日

附件四　其他主要管理人员和技术人员最低要求[①]

人　员	数　量	资格要求

① a. 招标人应在招标文件中规定若投标人在所投标标段中标需派驻的其他主要管理人员和技术人员。招标人将在发出中标通知书之前要求中标人按照本表的最低要求填报派驻本标段的其他主要管理人员和技术人员，在经招标人审批后作为派驻本标段的项目管理机构主要人员且不允许更换。

b. 本表不适用于已按资格预审文件或招标文件要求提供了其他主要管理人员和技术人员的技术特别复杂的特大桥梁和长大隧道工程。

附件五　主要机械设备和试验检测设备最低要求[①]

设备名称	规格、功率及容量	单　位	最低数量要求

① 招标人应在招标文件中规定若投标人在所投标标段中标需提供的主要机械设备和试验检测设备。发包人将在发出中标通知书之前要求中标人按照本表的最低要求填报为本标段配备的主要设备,在经招标人审批后作为投入本标段的主要设备且不允许更换。

附件六　项目经理委托书

(承包人全称)
(合同工程名称)项目经理委任书

致:(发包人全称)

(承包人全称)法定代表人(职务、姓名)代表本单位委任(职务、姓名)为(合同工程名称)的项目经理。凡本合同执行中的有关技术、工程进度、现场管理、质量检验、结算与支付等方面工作,由(姓名)代表本单位全面负责。

承包人:______________(盖单位章)

法定代表人:____(职务)____

____(姓名)____

____(签字)____

______年____月____日

抄送:(监理人)

附件七　履约担保格式

履 约 担 保

____________(发包人名称):

鉴于________(发包人名称,以下简称“发包人”)接受________(承包人名称)(以下称“承包人”)于______年____月____日参加______(项目名称)____标段施工的投标。我方愿意无条件地、不可撤销地就承包人履行与你方订立的合同,向你方提供担保。

1. 担保金额人民币(大写)________元(¥________)。

2. 担保有效期自发包人与承包人签订的合同生效之日起至签发工程交工证书后180 日止(最迟不超过____年__月__日)。

3. 在本担保有效期内,因承包人违反合同约定的义务给你方造成经济损失时,我方在收到你方以书面形式提出的在担保金额内的赔偿要求后,在 7 天内无条件支付,无须你方出具证明或陈述理由。

4. 发包人和承包人按合同条款第 15 条变更合同时,我方承担本担保规定的义务不变。

担 保 人:____________________(盖单位章)
法定代表人或其委托代理人:________(签字)
地　　址:______________________________
邮政编码:______________________________
电　　话:______________________________
传　　真:______________________________

______年____月____日

附件八　预付款担保格式

预付款担保

____________（发包人名称）：

根据________（承包人名称）（以下称“承包人”）与______（发包人名称）（以下简称“发包人”）于______年____月____日签订的________（项目名称）____标段施工承包合同，承包人按约定的金额向发包人提交一份预付款担保，即有权得到发包人支付相等金额的预付款。我方愿意就你方提供给承包人的预付款提供担保。

1. 担保金额人民币（大写）______元（¥______）。

2. 担保有效期自预付款支付给承包人起生效，至发包人签发的进度付款证书说明已完全扣清止。

3. 在本保函有效期内，因承包人违反合同约定的义务而要求收回预付款时，我方在收到你方的书面通知后，在7天内无条件支付，无须你方出具证明或陈述理由。但本保函的担保金额，在任何时候不应超过预付款金额减去发包人按合同约定在向承包人签发的进度付款证书中扣除的金额。

4. 发包人和承包人按合同条款第15条变更合同时，我方承担本保函规定的义务不变。

担 保 人：____________________（盖单位章）

法定代表人或其委托代理人：________（签字）

地　　址：________________________________

邮政编码：________________________________

电　　话：________________________________

传　　真：________________________________

______年____月____日

附件九　工程资金监管协议格式

（发包人与承包人签订合同协议书时应与发包人制订的银行签署工程资金监管协议、工程资金监管协议内容在保证本项目资金有效监管的前提下由三方共同商定）

工程资金监管协议

发 包 人:____________(以下简称“甲方”)
承 包 人:____________(以下简称“乙方”)
经办银行:____________(以下简称“丙方”)

为了促进________(项目名称)的顺利实施,管好用好建设资金,确保工程资金专款专用,同时为承包人提供便捷有效的银行业务服务,根据____(项目名称)合同条款有关规定,经甲、乙、丙三方协商,达成协议如下:

1. 资金管理的内容

(1)乙方为完成______(项目名称)工程成立的项目经理部在丙方开设基本结算户;

(2)甲方应将按合同规定将工程款(质量保证金除外)汇入乙方在丙方开设的账户;

(3)乙方应将流动资金及甲方所拨付资金专项用于______(项目名称);

(4)丙方应为乙方提供便捷有效的银行业务服务,并接受甲方委托对乙方在丙方开设的基本结算户资金使用情况进行监督。

2. 甲方的权责

(1)按照______(项目名称)合同有关条款规定的时间和方式,向乙方支付工程款;

(2)在发现乙方将本项目资金挪用、转移时,甲方有权中止工程支付,直至乙方改正为止;

(3)不定期审查丙方对乙方的资金使用监督情况,如丙方不能履行其责任,甲方有权随时终止本协议;

(4)在乙、丙双方发生争议时,甲方应负责协调、解决。

3. 乙方的权责

(1)项目经理部成立以后,乙方应尽快在丙方开设基本结算户;

(2)确保本项目资金专款专用,不发生挪用、转移资金的现象;保证不通过权益转让、抵押、担保承担债务等任何其他方式使用基本结算户的资金;

(3)办理材料、设备等采购业务金额在____万元以上的,应出示购货合同、协议和发票;在办理总额超过____万元以上的采购业务时,应将合同、协议和发票复印件送丙方备案;购买应急材料、设备时可先办理支付手续,但事后必须补备有关资料;

(4)用银行转账支票办理支付款项时,必须将转账支票送交丙方,由丙方负责办理支票转付手续;

(5)向分包单位支付工程进度款时,应附甲方批准分包的文件;

(6)向上级单位缴纳管理费、机械设备及周转材料租赁摊销费等款项时,应附上级单位出具的转账通知等有关资料,以确保资金专款专用。

4. 丙方的权责

(1)成立______(项目名称)工程资金管理服务小组,明确业务流程,提高工作效率,杜绝“压票”现象;

(2)根据乙方提供的购货合同、协议和发票,检查其所购材料、设备是否用于(项目名称)工程建设,对本标段以外的购货款项,有权拒绝办理,并及时报告甲方;

(3)根据乙方与分包单位签订的合同及支付文件,检查其支付款项是否符合有关条件,向分包单位以外单位的支付有权拒绝办理,并及时报告甲方;

(4)根据乙方提供的上级单位出具的转账通知等有关资料,办理管理费、机械设备及周转材料租赁摊销费等款项的支付;对超出转账通知等有关资料以外的支付,有权拒绝办理,并及时转告甲方;

(5)定期将乙方前一个周期的支付情况,整理后书面报送甲方;乙方复印备案的材料一并送甲方。

5. 甲、乙、丙三方都应履行保密责任,不得将其他两方的业务情况透露给三方以外的其他单位或个人。

6. 本协议有效期自乙方在丙方开户起,至工程交工验收甲方向乙方颁发交工验收证书后结束。

7. 本协议未尽事宜,由甲方牵头,三方协商解决。

8. 本协议正本三份、副本____份。合同三方各执正本一份、副本____份,当正本与副本内容不一致时,以正本为准。

发包人:______________________(盖单位章)

法定代表人或其委托代理人:________(签字)

______年____月____日

承包人:______________________(盖单位章)

法定代表人或其委托代理人:________(签字)

______年____月____日

经办银行:____________________(盖单位章)

法定代表人或其委托代理人:________(签字)

______年____月____日

第五章　工程量清单

第五章　工程量清单

1. 工程量清单说明

1.1　本工程量清单是根据招标文件中包括的、有合同约束力的图纸以及有关工程量清单的国家标准、行业标准、合同条款中约定的工程量计算规则编制。约定计量规则中没有的子目，其工程量按照有合同约束力的图纸所标示尺寸的理论净量计算。计量采用中华人民共和国法定计量单位。

1.2　本工程量清单应与招标文件中的投标人须知、通用合同条款、专用合同条款、技术规范及图纸等一起阅读和理解。

1.3　本工程量清单中所列工程数量是估算的或设计的预计数量，仅作为投标报价的共同基础，不能作为最终结算与支付的依据。实际支付应按实际完成的工程量，由承包人按技术规范规定的计量方法，以监理人认可的尺寸、断面计量，按本工程量清单的单价和总额价计算支付金额；或者，根据具体情况，按合同条款第 15.4 款的规定，由监理人确定的单价或总额价计算支付额。

1.4　工程量清单各章是按第七章“技术规范”的相应章次编号的，因此，工程量清单中各章的工程子目的范围与计量等应与“技术规范”相应章节的范围、计量与支付条款结合起来理解或解释。

1.5　对作业和材料的一般说明或规定，未重复写入工程量清单内，在给工程量清单各子目标价前，应参阅第七章“技术规范”的有关内容。

1.6　工程量清单中所列工程量的变动，丝毫不会降低或影响合同条款的效力，也不免除承包人按规定的标准进行施工和修复缺陷的责任。

1.7　图纸中所列的工程数量表及数量汇总表仅是提供资料，不是工程量清单的外延。当图纸与工程量清单所列数量不一致时，以工程量清单所列数量作为报价的依据。

2. 投标报价说明

2.1　工程量清单中的每一子目须填入单价或价格，且只允许有一个报价。

2.2　除非合同另有规定，工程量清单中有标价的单价和总额价均已包括了为实施和完成合同工程所需的劳务、材料、机械、质检（自检）、安装、缺陷修复、管理、保险、税费、利润等费用，以及合同明示或暗示的所有责任、义务和一般风险。

2.3　工程量清单中投标人没有填入单价或价格的子目，其费用视为已分摊在工程量清单中其他相关子目的单价或价格之中。承包人必须按监理人指令完成工程量清单中未填入单价或价格的子目，但不能得到结算与支付。

2.4　符合合同条款规定的全部费用应认为已被计入有标价的工程量清单所列各子目之中,未列子目不予计量的工作,其费用应视为已分摊在本合同工程的有关子目的单价或总额价之中。

2.5　承包人用于本合同工程的各类装备的提供、运输、维护、拆卸、拼装等支付的费用,已包括在工程量清单的单价与总额价之中。

2.6　工程量清单中各项金额均以人民币(元)结算。

2.7　暂列金额(不含计日工总额)的数量及拟用子目的说明:______________。

2.8　暂估价的数量及拟用子目的说明:______________。

3. 计日工说明

3.1　总则

(1)本说明应参照通用合同条款第 15.7 款一并理解。

(2)未经监理人书面指令,任何工程不得按计日工施工;接到监理人按计日工施工的书面指令,承包人也不得拒绝。

(3)投标人应在计日工单价表中填列计日工子目的基本单价或租价,该基本单价或租价适用于监理人指令的任何数量的计日工的结算与支付。计日工的劳务、材料和施工机械由招标人(或发包人)列出正常的估计数量,投标人报出单价,计算出计日工总额后列入工程量清单汇总表中并进入评标价。

(4)计日工不调价。

3.2　计日工劳务

(1)在计算应付给承包人的计日工工资时,工时应从工人到达施工现场,并开始从事指定的工作算起,到返回原出发地点为止,扣去用餐和休息的时间。只有直接从事指定的工作,且能胜任该工作的工人才能计工,随同工人一起做工的班长应计算在内,但不包括领工(工长)和其他质检管理人员。

(2)承包人可以得到用于计日工劳务的全部工时的支付,此支付按承包人填报的"计日工劳务单价表"所列单价计算,该单价应包括基本单价及承包人的管理费、税费、利润等所有附加费,说明如下:

①劳务基本单价包括:承包人劳务的全部直接费用,如:工资、加班费、津贴、福利费及劳动保护费等。

②承包人的利润、管理、质检、保险、税费;易耗品的使用、水电及照明费,工作台、脚手架、临时设施费,手动机具与工具的使用及维修,以及上述各项伴随而来的费用。

3.3　计日工材料

承包人可以得到计日工使用的材料费用(上述 3.2 款已计入劳务费内的材料费用除外)的支付,此费用按承包人"计日工材料单价表"中所填报的单价计算,该单价应包括基本单价及承包人的管理费、税费、利润等所有附加费,说明如下:

①材料基本单价按供货价加运杂费(到达承包人现场仓库)、保险费、仓库管理费以

及运输损耗等计算。

②承包人的利润、管理、质检、保险、税费及其他附加费。

③从现场运至使用地点的人工费和施工机械使用费不包括在上述基本单价内。

3.4　计日工施工机械

(1)承包人可以得到用于计日工作业的施工机械费用的支付,该费用按承包人填报的“计日工施工机械单价表”中的租价计算。该租价应包括施工机械的折旧、利息、维修、保养、零配件、油燃料、保险和其他消耗品的费用以及全部有关使用这些机械的管理费、税费、利润和驾驶员与助手的劳务费等费用。

(2)在计日工作业中,承包人计算所用的施工机械费用时,应按实际工作小时支付。除非经监理人的同意,计算的工作小时才能将施工机械从现场某处运到监理人指令的计日工作业的另一现场往返运送时间包括在内。

4. 其他说明

5. 工程量清单

5.1 工程量清单表

工程量清单

清单 第100章 总 则					
子目号	子 目 名 称	单位	数量	单价	合价
101-1	保险费				
-a	按合同条款规定,提供建筑工程一切险	总额			
-b	按合同条款规定,提供第三者责任险	总额			
102-1	竣工文件	总额			
102-2	施工环保费	总额			
102-3	安全生产费	总额			
102-4	工程管理软件(暂列金额)	总额			
102-5	光电缆保护费(暂列金额)	总额			
102-6	与既有公路(或铁路)交叉工程协调及交通维护费(暂列金额)	总额			
102-7	原有道路恢复费(暂列金额)	总额			
103-1	临时道路修建、养护与拆除(包括原道路的养护费)	总额			
103-2	临时占地	总额			
103-3	临时供电设施				
-a	设施架设、拆除	总额			
-b	设施维修	月			
103-4	电信设施的提供、维修与拆除	总额			
103-5	供水与排污设施	总额			
104-1	承包人驻地建设	总额			
104-2	拌和场建设				
-a	混凝土拌和场建设	总额			
-b	沥青混凝土拌和场建设	总额			
-c	级配碎石及水稳料拌和场建设	总额			

续上表

清单　第100章　总　则					
子目号	子 目 名 称	单位	数量	单价	合价
104-3	桥梁预制场建设	总额			
清单100章合计　人民币________________					

工程量清单

清单　第 600 章　安全设施及预埋管线					
子目号	子 目 名 称	单位	数量	单价	合价
602-1	C…混凝土护栏	m			
602-2	单面波形梁钢护栏	m			
602-3	双面波形梁钢护栏	m			
602-4	活动式钢护栏	个			
602-5	波形梁钢护栏起、终端头				
-a	分设型圆头式端头	个			
-b	分设型地锚式端头	个			
-c	组合型圆端头	个			
602-6	缆索护栏				
-a	路侧缆索护栏	m			
-b	中央分隔带缆索护栏	m			
602-7	C…混凝土基础	m^3			
603-1	铁丝编织网隔离栅	m			
603-2	刺铁丝隔离栅	m			
603-3	钢板网隔离栅	m			
603-4	电焊网隔离栅	m			
603-5	桥上防护网	m			
604-1	单柱式交通标志	个			
604-2	双柱式交通标志	个			
604-3	三柱式交通标志	个			
604-4	门架式交通标志	个			
604-5	单悬臂式交通标志	个			
604-6	双悬臂式交通标志	个			
604-7	悬挂式交通标志	个			
604-8	里程碑	个			
604-9	公路界碑	个			
604-10	百米桩	个			
604-11	防撞桶	个			

续上表

清单　第600章　安全设施及预埋管线					
子目号	子 目 名 称	单位	数量	单价	合价
605-1	热熔型涂料路面标线				
-a	……	m^2			
605-2	溶剂常温涂料路面标线				
-a	……	m^2			
605-3	溶剂加热涂料路面标线				
-a	……	m^2			
605-4	双组分涂料路面标线				
-a	……	m^2			
605-5	水性涂料路面标线				
-a	……	m^2			
605-6	突起路标	个			
605-7	轮廓标				
-a	柱式轮廓标	个			
-b	附着式轮廓标	个			
605-8	立面标记	m^2			
605-9	锥形路标	个			
605-10	隆声带	m^2			
606-1	防眩板	块			
606-2	防眩网	m			
607-1	人(手)孔	个			
607-2	管道工程				
-a	铺设…孔 ϕ…塑料管(钢管)管道	m			
-b	制作、安装过桥管箱(包括两端接头管箱)	m			
608-1	收费亭				
-a	单人收费亭	个			
-b	双人收费亭	个			
608-2	收费天棚	m^2			
608-3	收费岛				
-a	单向收费岛	个			
-b	双向收费岛	个			
608-4	地下通道(高×宽)	m			
608-5	预埋管线				

续上表

清单　第600章　安全设施及预埋管线					
子目号	子 目 名 称	单位	数量	单价	合价
-a	（管线规格）	m			
-b	（管线规格）	m			
608-6	架设管线				
-a	（管线规格）	m			
-b	（管线规格）	m			
清单600章合计　人民币________					

工程量清单

清单　第700章　绿化及环境保护设施					
子目号	子 目 名 称	单位	数量	单价	合价
702-1	开挖并铺设表土	m^3			
702-2	铺设利用的表土	m^3			
703-1	撒播草种	m^2			
703-2	铺植草皮				
-a	马尼拉草皮	m^2			
-b	美国二号草皮	m^2			
	……				
703-3	绿地喷灌管道	m			
704-1	客土喷播				
-a	喷播厚…cm	m^2			
-b	镀锌铁丝网(网孔尺寸…×…,网丝 ϕ…mm)	m^2			
	……				
705-1	BAG 植生袋	m^2			
706-1	人工种植乔木				
-a	香樟	株			
-b	大叶樟	株			
-c	杜英	株			
	……	株			
706-2	人工种植灌木	株			
-a	夹竹桃	株			
-b	木芙蓉	株			
-c	春杜鹃	株			
	……	株			
706-3	人工种植攀缘植物	株			
708-1	置石				
-a	天然置石	吨			
-b	人工置石	m^3			
708-2	步道				
-a	园路	m^3			
-b	汀步	m^2			

续上表

清单　第700章　绿化及环境保护设施					
子目号	子目名称	单位	数量	单价	合价
708-3	树池	座			
708-4	矮墙	m			
708-5	花坛	座			
708-6	移动式花箱	个			
708-7	花架	个			
708-8	景观亭	座			
708-9	景观成品				
-a	成品长椅	套			
-b	成品石桌、凳	套			
-c	健身器械	套			
-d	成品铸铁箅子	个			
	……				
709-1	吸、隔声板声屏障	m			
709-2	吸声砖声屏障	m^3			
709-3	砖墙声屏障	m^3			
710-1	环保设施				
-a	沉淀池				
-1	40t沉淀池	座			
-2	60t沉淀池	座			
-3	100t沉淀池	座			
-4	200t沉淀池	座			
-5	500t沉淀池	座			
-b	桥面径流收集管道 ϕ…mm	m			
-c	警示标志牌	处			
清单700章合计　人民币＿＿＿＿＿＿＿＿					

5.2　计日工表

5.2.1　劳务

编号	子目名称	单位	暂定数量	单价	合价
101	班长	h			
102	普通工	h			
103	焊工	h			
104	电工	h			
105	混凝土工	h			
106	木工	h			
107	钢筋工	h			
	……				
劳务小计金额：__________ （计入“计日工汇总表”）					

5.2.2　材料

编号	子目名称	单位	暂定数量	单价	合价
201	水泥	t			
202	钢筋	t			
203	钢绞线	t			
204	沥青	t			
205	木材	m^3			
206	砂	m^3			
207	碎石	m^3			
208	片石	m^3			
	……				
材料小计金额：__________ （计入“计日工汇总表”）					

5.2.3 施工机械

编号	子 目 名 称	单 位	暂定数量	单 价	合 价
301	装载机				
301-1	$1.5m^3$ 以下	h			
301-2	$1.5 \sim 2.5\ m^3$	h			
301-3	$2.5\ m^3$以上	h			
302	推土机				
302-1	90kW 以下	h			
302-2	90 ~ 180kW	h			
302-3	180kW 以下	h			
	……				
施工机械小计金额:__________ (计入“计日工汇总表”)					

5.2.4 计日工汇总表

名 称	金 额	备 注
劳务		
材料		
施工机械		
计日工总计:__________ (计入“投标报价汇总表”)		

5.3 暂估价表

5.3.1 材料暂估价表

序 号	名 称	单 位	数 量	单 价	合 价	备 注

5.3.2　工程设备暂估价表

序　号	名　称	单　位	数　量	单　价	合　价	备　注

5.3.3　专业工程暂估价表

序　号	专业工程名称	工 程 内 容	金　额
小计：			

5.4 投标报价汇总表

______________(项目名称)______________标段

序号	章次	科目名称	金额(元)
1	100	总则	
2	200	路基	
3	300	路面	
4	400	桥梁、涵洞	
5	500	隧道	
6	600	安全设施及预埋管线	
7	700	绿化及环境保护设施	
8	第 100 章 ~700 章清单合计		
9	已包含在清单合计中的材料、工程设备、专业工程暂列金额合计		
10	清单合计减去材料、工程设备、专业工程暂列金额合计(即 8 - 9 = 10)		
11	计日工合计		
12	暂列金额(不含计日工总额)		
13	投标报价(8 + 11 + 12 = 13)		

注:材料、工程设备、专业工程暂列金额已包括在清单合计中,不应重复计入投标报价。

5.5　工程量清单单价分析表

序号	编码	子目名称	人工费			材料费						机械使用费	其他	管理费	税费	利润	综合单价
			工日	单价	金额	主材				辅材费	金额						
						主材耗量	单位	单价	主材费								

项目采用交易系统进行电子化招标时,工程量清单采用工程量清单制作工具按标段制作,投标人在《江西省公共资源交易用户系统》中“业务管理”的“清单文件下载”模块中下载。

第　二　卷

第六章　图　　纸

第六章　图　　纸

项目采用交易系统进行电子化招标时，图纸由招标人上传至交易系统，投标人在《江西省公共资源交易用户系统》中“业务管理”的“图纸下载”模块中下载。

第　三　卷

第七章 技 术 规 范

第七章　技 术 规 范

第一节　《江西省公路工程施工技术规范》（另册出版）

第二节　项目专用技术规范

项目专用技术规范是对第一节《江西省公路工程施工技术规范》的补充、细化，投标人在阅读时应对照《江西省公路工程施工技术规范》完整阅读，不一致之处以项目专用技术规范为准。

第　四　卷

第八章　投标文件格式

商务及技术文件格式

中国·江西

____________________（项目名称）

______（类别）施工招标

投 标 文 件

（商务及技术文件）

投标人：______（全称、加盖投标人电子公章）______

______年____月____日

目 录

一、投标函及投标函附录

（一）投　标　函

__________（招标人名称）：

1. 我方已仔细研究了______________________（项目名称）____类别施工招标文件的全部内容（含补遗书第______号至第______号）和考察了工程现场后，愿意在工期____个月内，按合同约定实施和完成承包工程，修补工程中的任何缺陷，工程质量达到交工验收______，竣工验收______。

2. 我方承诺在投标有效期内不修改、撤销投标文件。

3. 随同本投标文件提交投标保证金____份[①]，每份金额为人民币（大写）____元（￥______），共计人民币（大写）____元（￥______）。

4. 如我方中标：

（1）我方承诺在收到中标通知书后，在中标通知书规定的期限内按招标文件的规定签订合同。

（2）随同本投标函递交的投标函附录属于合同文件的组成部分。

（3）我方承诺按照招标文件规定向递交履约担保。

（4）我方承诺在合同约定的期限内完成并移交全部合同工程。

5. 我方在此声明，所递交的投标文件及有关资料内容完整、真实和准确，且不存在第二章“投标人须知”第1.4.3项规定的任何一种情形。

6. 在合同协议书正式签署生效之前，本投标文件连同中标通知书将构成我们共同遵守的文件，对各方具有约束力。

7. 如果我方所投多个类别的第一信封（商务及技术文件）均通过评审，根据招标文件的第一章第3.3款有关投标人最多能通过类别和标段数量的规定，我方选择的通过第一信封（商务及技术文件）评审的优先次序如下：

第一选择____类别，该类别下的标段按照①____标段、②____标段、③____标段、④____标段、⑤____标段、⑥____标段、⑦____标段的次序优先选择；

第二选择____类别，该类别下的标段按照①____标段、②____标段、③____标段、④____标段、⑤____标段、⑥____标段、⑦____标段的次序优先选择；

……

我方同意：按照以上优先选择的次序确定第一信封（商务及技术文件）评审通过的类别，同时放弃其他类别的通过机会。

---

① 此处填写该类别下投标人递交的投标保证金份数。

8. 我方同意:如果我方所投多个标段的第二信封(报价文件)评审排名均为第一,根据招标文件第一章第3.3款投标人最多可中标段数量的规定,我方愿意按第7条的优先次序确定中标标段,同时放弃其他标段的中标机会。

9. ________________(其他补充说明)。

投 标 人:(加盖投标人电子公章)

法定代表人:(加盖电子签名)

地址:____________

网址:____________

电话:____________

传真:____________

邮政编码:____________

____年____月____日

(二)投标函附录

序号	条款名称	合同条目号	约 定 内 容	备注
1	缺陷责任期	1.1.4.5	自实际交工日期起计算____年	
2	逾期交工违约金	11.5	____元/天	
3	逾期交工违约金限额	11.5	____%签约合同价	
4	开工预付款金额	17.2.1	____%签约合同价	
5	材料(设备)预付款	17.2.1	____________等主要材料(设备)单据所列费用的______%	
6	进度付款证书最低限额	17.3.3(1)	____%签约合同价或____万元	
7	逾期付款违约金的利率	17.3.3(2)	____‰/天	
8	质量保证金百分比	17.4.1	月支付额的____%	
9	质量保证金限额	17.4.1	______%合同价格,若交工验收时承包人在江西省交通运输厅信用管理系统中被评价为最高信用等级,发包人给予____%合同价格质量保证金的优惠,并在交工验收时向承包人返还质量保证金优惠的金额	
10	保修期	19.7	自实际交工日期起计算____年	

投 标 人:______(加盖投标人电子公章)______

法定代表人:______(加盖电子签名)______

二、法定代表人身份证明及授权委托书

(一)法定代表人身份证明

投标人名称:________________

单 位 性 质:________________

地　　　址:________________

成立时间:______年____月____日

经营期限:________________

姓名:(加盖电子签名)性别:______年龄:______职务:________系____________(投标人名称)的法定代表人。

特此证明。

投标人:　(加盖投标人电子公章)

______年____月____日

（二）授权委托书（如有）

本人________（姓名、身份证号码）系__________________________（投标人名称）的法定代表人，现委托__________________（姓名、身份证号码）为我方代理人。代理人根据授权，以我方名义编制、澄清、递交、修改____（项目名称）施工投标文件、签订合同和处理有关事宜，其法律后果由我方承担。

委托期限：__________。

代理人无转委托权。

投标人：________________（盖单位章）

法定代表人：________________（签字）

______年____月____日

（上传授权委托书的扫描件）

三、投标保证金

(上传该类别所有的转账或电汇单据的扫描件)

四、施工组织设计(如有)

投标人应按以下要点编制施工组织设计(文字宜精练、内容应具有针对性,总体宜控制在30000字以内):

(1)总体施工组织布置及规划。

(2)主要工程项目的施工方案、方法与技术措施(尤其对重点、关键和难点工程的施工方案、方法及其措施)。

(3)工期保证体系及保证措施。

(4)工程质量管理体系及保证措施。

(5)安全生产管理体系及保证措施。

(6)环境保护、水土保持保证体系及保证措施。

(7)文明施工、文物保护保证体系及保证措施。

(8)项目风险预测与防范,事故应急预案。

(9)其他应说明的事项。

五、项目管理机构

拟为承包本类别工程设立的组织机构以框图方式表示
说明：

六、拟分包项目情况表

<table>
<tr><th>标段</th><th>拟分包的
工程项目</th><th>主要内容</th><th>主要工程量</th><th>备注</th></tr>
<tr><td rowspan="4"></td><td></td><td></td><td></td><td rowspan="12"></td></tr>
<tr><td></td><td></td><td></td></tr>
<tr><td></td><td></td><td></td></tr>
<tr><td></td><td></td><td></td></tr>
<tr><td rowspan="4"></td><td></td><td></td><td></td></tr>
<tr><td></td><td></td><td></td></tr>
<tr><td></td><td></td><td></td></tr>
<tr><td></td><td></td><td></td></tr>
<tr><td rowspan="4">……</td><td></td><td></td><td></td></tr>
<tr><td></td><td></td><td></td></tr>
<tr><td></td><td></td><td></td></tr>
<tr><td></td><td></td><td></td></tr>
</table>

七、资格审查资料

(一)投标人基本情况表

<table>
<tr><td>投标人名称</td><td colspan="6"></td></tr>
<tr><td>注册地址</td><td colspan="3"></td><td colspan="2">邮政编码</td><td></td></tr>
<tr><td rowspan="2">联系方式</td><td>联系人</td><td colspan="2"></td><td colspan="2">电话</td><td></td></tr>
<tr><td>传真</td><td colspan="2"></td><td colspan="2">电子邮件</td><td></td></tr>
<tr><td>法定代表人</td><td>姓名</td><td></td><td>技术职称</td><td></td><td>电话</td><td></td></tr>
<tr><td>技术负责人</td><td>姓名</td><td></td><td>技术职称</td><td></td><td>电话</td><td></td></tr>
<tr><td>成立时间</td><td colspan="2"></td><td>营业执照号</td><td colspan="3"></td></tr>
<tr><td>注册资金</td><td colspan="2"></td><td>企业资质等级</td><td colspan="3"></td></tr>
<tr><td>基本账户开户银行</td><td colspan="2"></td><td>基本账户账号</td><td colspan="3"></td></tr>
<tr><td>安全生产许可证号</td><td colspan="2"></td><td>安全生产
许可证有效期</td><td colspan="3"></td></tr>
<tr><td>经营范围</td><td colspan="6"></td></tr>
<tr><td>备　　注</td><td colspan="6"></td></tr>
</table>

注:本表填报的数据应与投标人在交易系统中完成登记的信息一致。

(二)关联企业一览表

单位名称	关联类型	组织机构代码证号码	营业执照号码	公司所在省、市
1. 本企业				
2. 相关联企业				
(1)母公司(控股股东)				
……				
(2)子公司(控股子公司)				
……				
(3)单位负责人(法定代表人)为同一人的公司				
……				

注:投标人必须将本单位关联企业如实填写入本表。

(三)主要管理人员情况表

表 3-1　投标人项目管理机构主要管理人员汇总表

岗位名称	姓名	性别	年龄	身份证号	职称证		建造师证			安全生产考核合格证			备注
					专业	等级	证号	专业	等级	证号	类别	有效期	
项目经理													
项目经理备选人													
项目总工													
项目总工备选人													

注:1. 本表所列岗位名称人员均须填报,并应满足投标人须知前附表 1.4.1 的要求。

2. 绿化工程招标无须填报“建造师证”栏。

投标人:____________(加盖投标人单位电子公章)　　法定代表人:__________(加盖法定代表人电子签名)

表 3-1-1　拟委任的项目经理资历表

<table>
<tr><td>姓　　名</td><td></td><td>公司单位
职务</td><td colspan="4"></td><td colspan="2">拟在本标段
工程担任职务</td><td>项目经理</td></tr>
<tr><td>身份证号</td><td></td><td>职称</td><td colspan="4"></td><td colspan="2">职称专业</td><td></td></tr>
<tr><td>建造师专业</td><td colspan="2"></td><td colspan="4">建造师
注册证号</td><td colspan="3"></td></tr>
<tr><td>安全生产考核
合格证号</td><td colspan="2"></td><td colspan="4">安全生产考核
合格证有效期</td><td colspan="3"></td></tr>
<tr><td>毕业学校</td><td></td><td>毕业时间</td><td colspan="4"></td><td colspan="2">所学专业</td><td></td></tr>
<tr><td colspan="10">主要工作业绩</td></tr>
<tr><td>业绩项目名称</td><td>公路等级</td><td colspan="3">项目开工时间</td><td colspan="3">项目完工时间</td><td colspan="2">担任何岗位</td></tr>
<tr><td>……</td><td></td><td colspan="3"></td><td colspan="3"></td><td colspan="2"></td></tr>
<tr><td>……</td><td></td><td colspan="3"></td><td colspan="3"></td><td colspan="2"></td></tr>
<tr><td colspan="10">获 奖 情 况</td></tr>
<tr><td colspan="2">荣誉名称</td><td colspan="4">荣誉类别</td><td colspan="4">获奖时间</td></tr>
<tr><td colspan="2"></td><td colspan="4"></td><td colspan="4"></td></tr>
<tr><td colspan="2"></td><td colspan="4"></td><td colspan="4"></td></tr>
<tr><td colspan="10"></td></tr>
<tr><td rowspan="3">目前任职
项目状况</td><td colspan="3">项目名称</td><td colspan="6"></td></tr>
<tr><td colspan="3">担任职位</td><td colspan="6"></td></tr>
<tr><td colspan="3">可以调离日期</td><td colspan="6"></td></tr>
<tr><td>备　　注</td><td colspan="9"></td></tr>
</table>

注:1. 本表填报的个人信息应与交易系统中完成登记的信息一致,其业绩和获奖信息应在交易系统中进行了完成登记。

2. 目前未在具体项目上任职的,请在备注栏说明现在负责的工作内容。

3. 绿化工程招标无须填报“建造师专业”和“建造师注册证号”栏。

表 3-1-2　拟委任的项目经理(备选人)资历表

<table>
<tr><td>姓　　名</td><td></td><td>公司单位
职务</td><td></td><td>拟在本标段
工程担任职务</td><td>项目经理
(备选人)</td></tr>
<tr><td>身份证号</td><td></td><td>职称</td><td></td><td>职称专业</td><td></td></tr>
<tr><td>建造师专业</td><td colspan="2"></td><td>建造师
注册证号</td><td colspan="2"></td></tr>
<tr><td>安全生产考核
合格证号</td><td colspan="2"></td><td>安全生产考核
合格证有效期</td><td colspan="2"></td></tr>
<tr><td>毕业学校</td><td></td><td>毕业时间</td><td></td><td>所学专业</td><td></td></tr>
</table>

<table>
<tr><td colspan="5">主要工作业绩</td></tr>
<tr><td>业绩项目名称</td><td>公路等级</td><td>项目开工时间</td><td>项目完工时间</td><td>担任何岗位</td></tr>
<tr><td>……</td><td></td><td></td><td></td><td></td></tr>
<tr><td>……</td><td></td><td></td><td></td><td></td></tr>
</table>

<table>
<tr><td colspan="3">获 奖 情 况</td></tr>
<tr><td>荣誉名称</td><td>荣誉类别</td><td>获奖时间</td></tr>
<tr><td></td><td></td><td></td></tr>
<tr><td></td><td></td><td></td></tr>
<tr><td colspan="3"></td></tr>
</table>

<table>
<tr><td rowspan="3">目前任职
项目状况</td><td>项目名称</td><td></td></tr>
<tr><td>担任职位</td><td></td></tr>
<tr><td>可以调离日期</td><td></td></tr>
<tr><td>备　　注</td><td colspan="2"></td></tr>
</table>

注:1. 本表填报的个人信息应与交易系统中完成登记的信息一致,其业绩和获奖信息应在交易系统中进行了完成登记。

2. 目前未在具体项目上任职的,请在备注栏说明现在负责的工作内容。

3. 绿化工程招标无须填报“建造师专业”和“建造师注册证号”栏。

表 3-1-3　拟委任的项目总工资历表

<table>
<tr><td>姓　　名</td><td></td><td>公司单位
职务</td><td colspan="3"></td><td colspan="2">拟在本标段
工程担任职务</td><td>项目总工</td></tr>
<tr><td>身份证号</td><td></td><td>职称</td><td colspan="3"></td><td colspan="2">职称专业</td><td></td></tr>
<tr><td>建造师专业</td><td colspan="2"></td><td colspan="3">建造师
注册证号</td><td colspan="3"></td></tr>
<tr><td>安全生产考核
合格证号</td><td colspan="2"></td><td colspan="3">安全生产考核
合格证有效期</td><td colspan="3"></td></tr>
<tr><td>毕业学校</td><td></td><td>毕业时间</td><td colspan="3"></td><td colspan="2">所学专业</td><td></td></tr>
<tr><td colspan="9">主要工作业绩</td></tr>
<tr><td>业绩项目名称</td><td>公路等级</td><td colspan="2">项目开工时间</td><td colspan="3">项目完工时间</td><td colspan="2">担任何岗位</td></tr>
<tr><td>……</td><td></td><td colspan="2"></td><td colspan="3"></td><td colspan="2"></td></tr>
<tr><td>……</td><td></td><td colspan="2"></td><td colspan="3"></td><td colspan="2"></td></tr>
<tr><td colspan="9">获 奖 情 况</td></tr>
<tr><td colspan="2">荣誉名称</td><td colspan="3">荣誉类别</td><td colspan="4">获奖时间</td></tr>
<tr><td colspan="2"></td><td colspan="3"></td><td colspan="4"></td></tr>
<tr><td colspan="2"></td><td colspan="3"></td><td colspan="4"></td></tr>
<tr><td colspan="9"></td></tr>
<tr><td rowspan="3">目前任职
项目状况</td><td colspan="3">项目名称</td><td colspan="5"></td></tr>
<tr><td colspan="3">担任职位</td><td colspan="5"></td></tr>
<tr><td colspan="3">可以调离日期</td><td colspan="5"></td></tr>
<tr><td>备　　注</td><td colspan="8"></td></tr>
</table>

注:1. 本表填报的个人信息应与交易系统中完成登记的信息一致,其业绩和获奖信息应在交易系统中进行了完成登记。

2. 目前未在具体项目上任职的,请在备注栏说明现在负责的工作内容。

3. 绿化工程招标无须填报“建造师专业”和“建造师注册证号”栏。

表 3-1-4　拟委任的项目总工(备选人)资历表

<table>
<tr><td>姓　　名</td><td></td><td>公司单位职务</td><td></td><td colspan="2">拟在本标段工程担任职务</td><td>项目总工(备选人)</td></tr>
<tr><td>身份证号</td><td></td><td>职称</td><td></td><td colspan="2">职称专业</td><td></td></tr>
<tr><td>建造师专业</td><td colspan="2"></td><td>建造师注册证号</td><td colspan="3"></td></tr>
<tr><td>安全生产考核合格证号</td><td colspan="2"></td><td>安全生产考核合格证有效期</td><td colspan="3"></td></tr>
<tr><td>毕业学校</td><td></td><td>毕业时间</td><td></td><td colspan="2">所学专业</td><td></td></tr>
<tr><td colspan="7">主要工作业绩</td></tr>
<tr><td>业绩项目名称</td><td>公路等级</td><td>项目开工时间</td><td colspan="2">项目完工时间</td><td colspan="2">担任何岗位</td></tr>
<tr><td>……</td><td></td><td></td><td colspan="2"></td><td colspan="2"></td></tr>
<tr><td>……</td><td></td><td></td><td colspan="2"></td><td colspan="2"></td></tr>
<tr><td colspan="7">获 奖 情 况</td></tr>
<tr><td colspan="2">荣誉名称</td><td colspan="2">荣誉类别</td><td colspan="3">获奖时间</td></tr>
<tr><td colspan="2"></td><td colspan="2"></td><td colspan="3"></td></tr>
<tr><td colspan="2"></td><td colspan="2"></td><td colspan="3"></td></tr>
<tr><td colspan="7"></td></tr>
<tr><td rowspan="3">目前任职项目状况</td><td colspan="2">项目名称</td><td colspan="4"></td></tr>
<tr><td colspan="2">担任职位</td><td colspan="4"></td></tr>
<tr><td colspan="2">可以调离日期</td><td colspan="4"></td></tr>
<tr><td>备　　注</td><td colspan="6"></td></tr>
</table>

注:1. 本表填报的个人信息应与交易系统中完成登记的信息一致,其业绩和获奖信息应在交易系统中进行了完成登记。

2. 目前未在具体项目上任职的,请在备注栏说明现在负责的工作内容。

3. 绿化工程招标无须填报“建造师专业”和“建造师注册证号”栏。

(四)近年财务状况表

项目或指标	单位	____年	____年	____年
一、注册资金	万元			
二、净资产	万元			
三、总资产	万元			
四、固定资产	万元			
五、流动资产	万元			
六、流动负债	万元			
七、负债合计	万元			
八、营业收入	万元			
九、净利润	万元			
十、现金流量净额	万元			
十一、主要财务指标	%			
1. 净资产收益率	%			
2. 总资产报酬	%			
3. 主营业务利润率	%			
4. 资产负债率	%			
5. 流动比率	%			
6. 速动比率	%			

注:本表所填报数据应与交易系统中完成登记的信息一致。

投标人:______________________(加盖投标人单位电子公章)

法定代表人:__________________(加盖法定代表人电子签名)

(五)近年完成的类似项目情况汇总表(绿化工程)

序号	项目名称	标段	合同金额（万元）	建设性质	车道数	项目类型	开工日期	交工日期	主线长度（km）

注:本表所列项目业绩应在交易系统中进行了完成登记,数据应与系统中一致。

投标人:＿＿＿＿＿＿(加盖投标人单位电子公章)　　法定代表人:＿＿＿＿＿(加盖法定代表人电子签名)

（五）近年完成的类似项目情况汇总表（交通安全设施工程）

序号	项目名称	标段	合同金额（万元）	建设性质	车道数	公路等级	开工日期	交工日期	工程内容	主线长度（km）

注：本表所列项目业绩应在交易系统中进行了完成登记，数据应与系统中一致。

投标人：__________（加盖投标人单位电子公章）　　法定代表人：__________（加盖法定代表人电子签名）

(六)正在施工和新承接的项目情况表

项目名称	
项目所在地	
发包人名称	
发包人地址	
发包人电话	
合同价格	
开工日期	
交工日期	
承担的工作	
工程质量	
项目经理	
项目总工	
总监理工程师及电话	
项目描述	
备　　注	

注:1. 每张表格只填写一个项目,并标明序号。

2. 本表后应附中标通知书和(或)合同协议书复印件。

3. 本表应包含所有在建工程项目,包括正在施工、已签订合同协议书即将开工或已收到中标通知书或意向书但尚未签订合同的所有项目。

（七）近年履约信誉情况

表 7-1　近年履约信誉情况表

序号	项　目	投标人情况说明
1	是否受到责令停产、停业的行政处罚或处于财务被接管、冻结、破产状态的情况	
2	是否被江西省交通运输厅及以上管理部门取消在江西省内的投标资格或禁止进入江西省公路建设市场且处于有效期内	
3	是否出现在全国建筑市场诚信信息平台上正受到住房和城乡建设部暂扣或吊销企业资质的处罚的情况	
4	是否存在对本项目有重大影响的诉讼案件	
5	近 3 年内是否有骗取中标或严重违约或工程施工中存在有重大工程质量事故或重特大安全事故的行为	
6	是否在江西省交通建设市场信用信息管理系统最新发布的信用评价结果中未被评为 D 级	投标人无须填写，由交易系统自动获取投标人的信用评价结果
7	投标人、投标人的法定代表人、委托代理人、拟任项目经理（及备选人）和项目总工（及备选人）近三年内无行贿犯罪记录（由投标人自行到企业注册地检察机关开具证明，并附在本表后）	见附件
8	投标人及其从业人员近 3 年是否存在江西省纪委驻江西省交通运输厅纪检监察部门查实（或认定）涉案金额累计在 10 万元及以上的行贿行为记录	

注：投标人应如实填写本表，如隐瞒真实情况，一旦发现将取消中标资格并将其弄虚作假行为上报省级交通主管部门，作为不良记录纳入公路建设市场信用信息管理系统。

投标人：____________________（加盖投标人单位电子公章）

法定代表人：__________________（加盖法定代表人电子签名）

表 7-2　近年投标人获奖情况汇总表

序号	获奖项目名称	获奖日期	获奖项目类别	获奖类别	奖项名称	完成登记时间	备注

注:本表所列项目业绩应在交易系统中进行了完成登记,数据应与系统中一致。

投标人:________(加盖投标人单位电子公章)

法定代表人:________(加盖法定代表人电子签名)

八、承　诺　函

______（招标人名称）：

我方参加了______（项目名称）______类别施工投标，若我方中标，我方在此承诺：

若本项目招标文件未要求我方在投标文件中填报派驻本类别（标段）的其他主要管理人员和技术人员及主要机械设备和试验检测设备，在发包人向我方发出中标通知书之前，我方将按照合同附件提出的最低要求填报派驻本类别（标段）的其他主要管理人员和技术人员及主要机械设备和试验检测设备，在经发包人审批后作为派驻本类别（标段）的项目管理机构主要人员和主要设备且不进行更换。

若我方已按本项目招标文件要求在投标文件中填报派驻本类别（标段）的其他主要管理人员和技术人员及主要机械设备和试验检测设备，我方将严格按照在投标文件中填报的其他主要管理人员和技术人员及主要机械设备和试验检测设备组织进场施工，且不进行更换。

如我方违背了上述承诺，本项目发包人有权取消我方的中标资格，并由发包人将我方的违约行为上报江西省交通运输厅，作为不良记录纳入江西省交通建设市场信用信息管理系统。

投标人：______（加盖投标人电子公章）______

法定代表人：______（加盖电子签名）______

______年____月____日

九、其他资料(如有)

(上传扫描件)

报价文件格式

中国·江西

_______________（项目名称）

（标段号） 标段施工招标

投 标 文 件

（报价文件）

投标人：（全称、加盖投标人电子公章）

______ 年 ____ 月 ____ 日

目　　录

一、投标报价函

________________（招标人名称）：

在研究了________________（项目名称）______标段的招标文件和考察了工程现场后，我们愿意按人民币（大写）____________元（￥____________）的投标总价（含暂列金额的总价），遵照招标文件的要求承担本合同工程的实施、完成及其缺陷修复和保修工作。

投标人：____（加盖投标人电子公章）____
法定代表人：_____（加盖电子签名）_____
地址：________________________________
网址：________________________________
电话：________________________________
传真：________________________________
邮政编码：____________________________

______年____月____日

二、价格指数和权重表(如有)(适用于交通安全设施工程)

标段：____

<table>
<tr><th colspan="2" rowspan="2">名　称</th><th colspan="2">基本价格指数</th><th colspan="3">权　重</th><th rowspan="2">价格指数来源</th></tr>
<tr><th>代号</th><th>指数值</th><th>代号</th><th>允许范围</th><th>投标人建议值</th></tr>
<tr><td colspan="2">定值部分</td><td></td><td></td><td>A</td><td></td><td></td><td></td></tr>
<tr><td rowspan="12">变值部分</td><td>人工</td><td>F_{01}</td><td></td><td>B_1</td><td>____至____</td><td></td><td></td></tr>
<tr><td>钢管立柱</td><td>F_{02}</td><td></td><td>B_2</td><td>____至____</td><td></td><td></td></tr>
<tr><td>波形钢板</td><td>F_{03}</td><td></td><td>B_3</td><td>____至____</td><td></td><td></td></tr>
<tr><td>……</td><td></td><td></td><td></td><td></td><td></td><td></td></tr>
<tr><td></td><td></td><td></td><td></td><td></td><td></td><td></td></tr>
<tr><td></td><td></td><td></td><td></td><td></td><td></td><td></td></tr>
<tr><td></td><td></td><td></td><td></td><td></td><td></td><td></td></tr>
<tr><td></td><td></td><td></td><td></td><td></td><td></td><td></td></tr>
<tr><td></td><td></td><td></td><td></td><td></td><td></td><td></td></tr>
<tr><td></td><td></td><td></td><td></td><td></td><td></td><td></td></tr>
<tr><td></td><td></td><td></td><td></td><td></td><td></td><td></td></tr>
<tr><td></td><td></td><td></td><td></td><td></td><td></td><td></td></tr>
<tr><td colspan="6">合计</td><td>1</td><td></td></tr>
</table>

注：投标人填报的权重建议值应在招标人公布的权重允许范围内。

投标人：（加盖投标人电子公章）

法定代表人：（加盖电子签名）